Der Kasperle ist wieder da …

Ursula Lietz

DER KASPERLE IST WIEDER DA ...

Stücke fürs Kasperletheater

FALKEN
Taschenbuch

Im FALKEN Verlag sind weitere Bücher zu diesem Thema erschienen:
Lustige Kasperlestücke (Nr. 1632)
Sie sind überall dort erhältlich, wo es Bücher gibt.

Dieses Buch wurde auf chlorfrei gebleichtem und säurefreiem Papier gedruckt.

Neuausgabe des bislang unter dem Titel „Guten Tag, Kinder" (Nr. 861) erschienen Buches von Ursula Lietz

ISBN 3 635 60397 X

Umschlaggestaltung: Zembsch' Werkstatt, München
Redaktion dieser Ausgabe: Uta Koßmagk
Herstellung: Beate Müller-Behrens
Titelbild: FALKEN-Archiv, Aumann
Zeichnungen: Fay Grambart, Rodgau
Satz: Main-Taunus-Satz GmbH, Eschborn
Druck: Freiburger Graphische Betriebe, Freiburg

008610195X817 2635 4453

Inhalt

Vorbemerkung

Die hier zusammengestellten Kasperlestücke sind vorwiegend für Zuschauer im Vor- und Grundschulalter gedacht. Sie können von Eltern, Erziehern, aber auch von älteren Kindern gespielt werden. Die Stücke sind so gestaltet, daß sie mit relativ geringem Aufwand und meist ohne große Vorbereitungen zu spielen sind. Deshalb eignen sie sich besonders gut für spontane Aufführungen. Zu jedem Theaterstück gibt es in den Spielhinweisen genaue Informationen für den Puppenspieler.
Hat jemand beispielsweise noch keine oder erst wenig Spielerfahrung, sollte er so reden, daß es ihm eher etwas zu langsam erscheint. Die Erfahrung lehrt, daß man durch die Aufregung dazu neigt, immer schneller zu sprechen.
Die richtige Lautstärke muß jeder individuell für sich herausfinden. Man braucht nicht mit übermäßiger Anstrengung zu schreien, so daß sich die eigene Stimme fast überschlägt und unnatürlich gepreßt wirkt. Die Folge davon sind Heiserkeit und Halsschmerzen – und künftig wird es dem Spieler schwerfallen, sich noch fürs Kasperlespiel zu begeistern.
Genau das ist jedoch der entscheidende Punkt: Dem Akteur soll das Spiel Spaß machen und Freude bereiten. Diese innere Einstellung überträgt sich ohne unser Zutun auf die Kinder – und sie werden so leise sein, wie es für die eigene Stimme nötig ist!
Für die richtige Atmosphäre ist auch der Raum, in dem gespielt wird, entscheidend.
Die Kinder dürfen nicht zu beengt sitzen und müssen gut sehen können. Der Raum sollte verdunkelt sein. Nur das Kasperletheater wird entweder von oben oder rechts und links mit einer Standlampe beleuchtet. Das lenkt die Aufmerksamkeit der Kinder auf das Spiel.
Wichtig ist auch noch, daß Unruhe während des Spiels weitgehend ausgeschlossen wird, also Türen schließen; Kinder alle vorher auf Toilette schicken ...
Stimmen dann noch Temperatur und Lüftung, hat man sehr viel zum Gelingen des Stückes beigetragen.
Zuletzt bliebe noch zu sagen, daß die Puppenspieler ruhig den Mut haben sollten, den Text je nach Situation zu verändern und die Anleitungen nur als Leitfaden zu benutzen. Einwürfe der Kinder sollten soweit wie möglich aufgegriffen und einbezogen werden.
Viel Spaß beim Zuschauen und Spielen wünschen Ihnen

Ursula Lietz und Ulrike Lange

Kasper ist krank

Puppenspiel in 4 Akten

Es spielen mit:	*Requisiten:*	*Hintergrundbilder:*
Seppel Grossmutter Gretel Apotheker Doktor	1. Akt: Zettel, Geldbeutel 2. Akt: Zettel, Geldschein (20 DM), kleine Flasche 3. Akt: Flasche	1. Akt: geschlossener Vorhang 2. Akt: Apotheke oder Geschäft 3. Akt: geschlossener Vorhang 4. Akt: Wohnung

Spielhinweise

In diesem Stück kommen außer den üblichen Figuren noch der Apotheker und der Doktor vor. Dazu kann man je eine männliche Figur benutzen, beispielsweise König, Prinz oder Jäger, der man die Kopfbedeckung abnimmt und sie folgendermaßen verwandelt: Der Apotheker erhält eine bunte Schürze aus Stoffresten und eine Brille, die man leicht aus Blumendraht zurechtbiegen kann. Für den Doktor benötigt man eine weiße Schürze oder einen weißen Umhang und eine Doktortasche.

Zwei Puppenspieler können die Puppen wie folgt unter sich aufteilen:

1. Spieler: Seppel, Doktor.

2. Spieler: Großmutter, Apotheker, Gretel.

Es ist auch möglich, das Stück nur mit einem Puppenspieler aufzuführen, da meistens nur zwei Figuren gleichzeitig spielen. Eine Ausnahme bildet der 3. Akt, in dem der Seppel jedoch schon bewegungslos auf der Bühne liegt, wenn der Doktor auftritt. Er braucht auch für den Rest der Szene nicht mehr bewegt zu werden und wird am Schluß ohnehin von den beiden anderen Figuren von der Bühne gezogen oder getragen.

Hintergrundbilder werden für das Stück kaum benötigt. Wer den Hintergrund für ein Geschäft besitzt, kann diesen im 2. Akt einsetzen. Ebenso im 4. Akt die Wohnung der Großmutter. Genausogut kann aber auch alles vor geschlossenem Vorhang gespielt werden.

Als Requisiten benötigt man ein Stück Papier, auf das einige große Buchstaben geschrieben werden können. Als Geldbörse kann man ein Kinderportemonnaie verwenden. Wer keinen echten 20-DM-Schein benutzen möchte, kann auch Spielgeld nehmen.
Wichtig ist die Medizinflasche. Dazu kann eine beliebige kleine Flasche aus dem Haushalt benutzt werden. Das Etikett kann notfalls durch Einweichen in warmem Wasser entfernt und durch ein selbstgefertigtes ersetzt werden. Das langsame Entleeren der Flasche muß nicht realistisch dargestellt werden, da dazu die Vorstellungskraft der Kinder genügen dürfte.

1. Akt

(Hintergrund: geschlossener Vorhang)

SEPPEL: Guten Tag, Kinder! Ich bin's, der Seppel. Wundert ihr euch, daß der Kasper euch nicht begrüßt? Ja, das geht heute leider nicht. Der Kasper liegt nämlich im Bett. Er hat Fieber und Halsschmerzen. Die Großmutter guckt gerade nach ihm. – Ach, da kommt sie schon. *(Die Großmutter kommt auf die Bühne.)* Hallo, Großmutter! Na, wie geht es dem Kasper?

GROSSMUTTER: Sein Hals ist ganz rot und entzündet. Er muß eine Medizin einnehmen, dann wird es sicher ganz schnell besser. Seppel, würdest du den Saft aus der Apotheke holen? Du hast noch jüngere Beine als ich. Dann koche ich dem Kasper in der Zeit einen Tee gegen das Fieber.

SEPPEL: Sicher, wird gemacht! Wie heißt der Saft denn?

GROSSMUTTER: Ich habe den Namen hier auf einen Zettel geschrieben.
(Sie reicht ihm ein Blatt und einen Geldbeutel.)
In dem Geldbeutel sind 20 DM. Damit kommst du aus.

SEPPEL: In Ordnung! – Bin gleich wieder da! *(Er geht ab.)*

GROSSMUTTER: So, dann werde ich mal nach dem Kasper sehen. Ich glaube, wir müssen noch mal Fieber messen.
(Sie geht auch ab.)

2. Akt

(Hintergrund: geschlossener Vorhang)

SEPPEL: Guten Tag!

APOTHEKER: Guten Tag, junger Mann! Was darf's denn sein?

SEPPEL: Mein Freund hat Halsschmerzen. Ich möchte gerne Medizin für ihn holen. Hier! *(Er reicht ihm den Zettel.)*

APOTHEKER: Ah ja, Penicillinsaft. Den hab ich hier. Einen Augenblick. *(Er verschwindet und kommt mit einem Fläschchen wieder.)* So, bitte sehr. Das macht 19,80 DM. Dein Freund muß morgens und abends zwei Teelöffel davon nehmen. Das steht aber auch drauf.

SEPPEL: Ist gut. *(Er nimmt die Flasche und gibt das Geld ab.)* Bitte schön.

APOTHEKER: 20 DM, danke. So – und 20 Pfennige bekommst du zurück. Auf Wiedersehen und gute Besserung!

SEPPEL: Danke, tschüß! *(Er geht ab.)*

3. Akt

(Hintergrund: geschlossener Vorhang)

SEPPEL: *(guckt sich die Flasche an)* Hm, der sieht aber lecker aus. Wie Himbeersaft.

GRETEL: *(kommt auf ihn zu)* Hallo, Seppel! Spielst du was mit mir?

SEPPEL: Ich hab' keine Zeit. Zuerst muß ich dem Kasper Medizin bringen, er ist krank.

GRETEL: Ja, ich weiß. Das hat die Großmutter mir schon erzählt. Du, zeig mal die Flasche! Ist das der Saft für den Kasper?

SEPPEL: Ja. *(Er gibt ihr die Flasche.)*

GRETEL: Hm, der sieht aber lecker aus! Ob der auch so schmeckt? Am liebsten würde ich ja mal probieren.

SEPPEL: Aber das ist doch Medizin!

GRETEL: Na und? Ich hatte mal einen Hustensaft – der hat vielleicht gut geschmeckt. Da hab' ich auch schon mal heimlich dran genascht. Ein kleines Schlückchen können wir doch mal probieren. Das merkt bestimmt keiner.

SEPPEL: Meinst du?

GRETEL: *(schraubt die Flasche auf und trinkt)* Hmmm, gut! Hier! *(Sie reicht die Flasche dem Seppel, der auch probiert.)*

SEPPEL: Wirklich köstlich! *(Er wischt sich den Mund ab.)* Ich hab' gar nicht gewußt, daß Medizin so gut schmecken kann.

GRETEL: Das schmeckt nach mehr, nicht? Gib mir noch ein kleines Schlückchen! Für den Kasper bleibt immer noch genug übrig. *(Sie trinkt wieder.)*

SEPPEL: Na gut. Oh, das war aber ein großer Schluck. Die Flasche ist ja schon halb leer! – Jetzt trinke ich nur noch ein ganz kleines Schlückchen, und dann schraube ich sie wieder zu. *(trinkt)* O je, jetzt merkt die Großmutter bestimmt, daß wir probiert haben.

GRETEL: Weißt du was? Wir trinken den Rest auch noch aus und kaufen dem Kasper eine neue Flasche.

SEPPEL: Ich hab' aber nur noch 20 Pfennige!

GRETEL: Dann müssen wir eben unsere Sparschweine schlachten. Anders geht es jetzt nicht mehr.

SEPPEL: Ja, da hast du recht. *(Sie trinken die Flasche leer.)* So, jetzt aber schnell nach Hause – das Geld holen. Sonst merkt doch noch jemand etwas.

GRETEL: Gut, ich hole auch mein Sparschwein. Wir treffen uns gleich wieder hier, ja? Tschüß. *(Sie geht ab.)*

SEPPEL: Hoffentlich habe ich überhaupt noch so viel Geld. Hätten wir doch bloß nicht angefangen zu probieren. *(Er bleibt auf einmal stehen und hält sich den Bauch fest.)* Au, was war denn das? Das hat aber weh getan! *(Er geht ein Stück weiter, bleibt dann aber wieder stehen und krümmt sich.)* Oh, mein Bauch tut so schrecklich weh. Das kommt bestimmt von dem blöden Saft. Warum habe ich den bloß getrunken? *(Er schleppt sich noch ein Stück weiter und bleibt dann liegen.)* Kinder, bitte ruft ihr doch die Großmutter! Ich kann nicht mehr weiter! *(Die Kinder rufen die Großmutter, die kommt.)*

GROSSMUTTER: Was ist denn los? *(Sie sieht den Seppel.)* Ach du Schreck! Was ist denn mit dir passiert?

SEPPEL: Mein Bauch – o weh, o weh!

GROSSMUTTER: Kinder, könnt ihr mir sagen, was der Seppel hat? Waaas? Stimmt das? Er hat Kaspers Medizin getrunken? Ganz alleine? Ah, mit der Gretel! So ein Dummkopf! *(Sie fühlt Seppels Bauch ab.)* Am besten rufe ich gleich den Doktor an. Hoffentlich geht das gut.

DOKTOR: *(geht im Hintergrund vorbei)*

GROSSMUTTER: Ach, da ist er ja gerade. *(Sie hält ihn an.)* Guten Tag, Herr Doktor! Warten sie einen Moment. Sie kommen gerade richtig. Der Seppel hat nämlich Kaspers Medizin getrunken und hat jetzt fürchterliche Bauchschmerzen.

DOKTOR: Was? Der Seppel auch? Ich bin gerade auf dem Weg zur Gretel. Ihre Mutter hat mich angerufen und das gleiche erzählt wie Sie.

GROSSMUTTER: Ja, ja, die dummen Kinder haben zusammen den Saft ausgetrunken, den der Kasper gegen Halsentzündung nehmen sollte. Nicht wahr, Kinder, so war es doch?

DOKTOR: Die kommen vielleicht auf Ideen! Am besten bringen wir den Seppel mal ins Bett, damit ich ihn untersuchen kann. *(Sie zerren den jammernden Seppel von der Bühne.)*

4. Akt

(Hintergrund: geschlossener Vorhang)

GROSSMUTTER: *(schüttelt dem Doktor die Hand)* Vielen Dank, Herr Doktor!

DOKTOR: Schon gut, ich muß mich jetzt um die Gretel kümmern. Und nicht vergessen – der Seppel darf zwei Tage lang nichts essen und nur Kamillentee trinken. Ich sehe dann noch mal nach ihm.

GROSSMUTTER: Ist gut, Herr Doktor!

DOKTOR: Und gute Besserung für den Kasper. Ich habe Ihnen ja Medizin dagelassen. Bis morgen ist es dann sicher schon besser. Auf Wiedersehen. *(Er geht ab.)*

GROSSMUTTER: Auf Wiedersehen. Tja, Kinder, mit der heutigen Vorstellung wird es wohl nichts. Der Seppel kann den Kasper auch nicht mehr vertreten, weil es ihm selbst jetzt noch schlechter geht. Aber daran ist er ja schließlich selbst schuld. Was kommt er auch auf so dumme Ideen! Na, Kinder, dann bis bald – wenn alle wieder gesund sind. Tschüß! *(Sie geht ab.)*

SEPPEL

Seppel muß zum Zahnarzt

Puppenspiel in 2 Akten

Es spielen mit:	*Requisiten:*	*Hintergrundbilder:*
Kasper – Seppel – Doktor Tutnichtweh	schmaler, länglicher Stoffstreifen (um Seppels Kopf) Zahnarztspiegel Bohrer	1. Akt: Wald 2. Akt: Haus oder Einrichtung einer Zahnarztpraxis

Spielhinweise

Bei diesem Spiel kann man sowohl mit zwei wie auch mit einem Spieler agieren.
Die Handpuppen Seppel und Kasper wird jeder Spieler in seinem Repertoire haben. Für den Doktor nimmt man eine Puppe ohne besondere Charakteristik, vielleicht den Räuber. Wenn er einen weißen Kittel bekommt, aus Kreppapier zurechtgeschnitten, und weiße Haare und buschige weiße Augenbrauen aus Watte, sehen die Kinder in ihm den Doktor.
Den Zahnarztspiegel kann man leicht aus einem Zahnstocher und einem Stück Alufolie fertigen.
Für den Bohrer nimmt man einen Nagel oder eine Nadel. Zwei Drittel werden mit Kreppapier verkleidet und an das Ende klebt man einen dünnen Draht oder einen Faden als Kabel.
Die Vorbereitungsarbeiten sind also ohne besonderen Materialaufwand und in Kürze abgeschlossen.
Das Spiel kann beginnen.
Zu beachten ist, daß das Bohrergeräusch (der zweite Spieler macht es mit seinem Mund) nur ganz leise ist, damit man die Stimme des Doktors noch gut versteht und damit die Kinder durch ein unverhältnismäßig lautes Bohrergeräusch nicht verschreckt werden. Man kann das Geräusch auch ruhig ganz verstummen lassen, während der Doktor die Geschichte erzählt.
Die Kinder sind in diesem Moment ohnehin auf das Märchen fixiert.
Falls nur ein Spieler zur Verfügung steht, läßt man das Geräusch entfallen.

Wenn ein Spieler zwei verschiedene Puppen nachahmt, sollte er darauf achten, daß sich die beiden Tonfälle nicht vermischen. Das passiert im Eifer des Spieles sehr leicht.

1. Akt

(Hintergrund: Wald)

KASPER: *(betritt die Bühne und singt zu der Melodie von »Alle meine Entchen«)*

Guten Tag, Kinder. Ist das heute ein schöner Tag! Da werde ich gleich mal zu meinem Freund, dem Seppel, gehen und ihn fragen, ob er mit auf den Spielplatz kommt.
(Er geht auf der Bühne hin und her und summt die Melodie des obigen Liedes.)
So, da bin ich ja schon. Mal sehen, ob er zu Hause ist. *(Er klopft an.)* Hm – nichts zu hören. *(Er klopft lauter und wartet.)* Immer noch nichts. Sicher hat er wieder Bohnen in den Ohren.
Kinder, sollen wir ihn mal alle zusammen ganz laut rufen? Bei drei geht's los, ja? Also: eins – zwei– drei:
Seppel! Seppel!!

SEPPEL: *(kommt auf die Bühne und jammert)* O jemine – oje, oje ...

KASPER: Hallo, was machst du denn für ein Gesicht? Da kann's einem ja glatt die Petersilie verhageln!

SEPPEL: Ach, Kasper. Mir geht's ja sooooo schlecht!

KASPER: Was hast du denn?

SEPPEL: Ich hab' ja sooolche Zahnschmerzen! Oje – oje, oh – oh, tut das weh ...

KASPER: Na, dann geh doch zum Zahnarzt!

SEPPEL: Zahnarzt? Nein! Nur das nicht. Oh, o weh ... Davor hab' ich doch solche Angst!

KASPER: Aber, wenn du nicht zum Zahnarzt gehst, werden deine Schmerzen doch immer schlimmer!

SEPPEL: Nein! Ich gehe nicht zum Zahnarzt. Ich habe Angst!! Dann nehme ich eben Tabletten gegen die Schmerzen – und dann spür' ich nix mehr.

KASPER: *(schüttelt den Kopf)* Nein, nein. So geht das nicht. Laß mich mal in deinen Mund schauen.

SEPPEL: A-aber nur gucken!

KASPER: Natürlich! Laß mal sehen ... *(Er beugt sich leicht über Seppel.)* Auweia! Sapperlot und Baktuskrater! Kein Wunder, daß du

Schmerzen hast. Du hast ein ganz schönes Loch im Backenzahn. Sicher ißt du zu viele Süßigkeiten. Oder putzt du dir etwa nicht die Zähne?

SEPPEL: *(gedehnt)* Hm – na, manchmal hab' ich keine Lust dazu. Und Süßes ist doch soooo lecker!

KASPER: Seppel, Seppel. Jedes Kind weiß doch, daß man sich regelmäßig morgens und abends die Zähne putzt, stimmt's, Kinder? Aber wenn nun schon mal ein Loch da ist, hilft nur eins: Du m u ß t zum Zahnarzt gehen!

SEPPEL: Nein! oh nein, lieber nicht. Es – es tut auf einmal gar nicht mehr weh.

KASPER: Papperlapapp. Keine Ausreden! Komm – ich gehe auch mit. Und unterwegs singen wir ein lustiges Lied, dann ist's nur noch halb so schlimm.
Komm . . . *(Er zieht ihn an der Hand mit sich fort und singt nach der Anfangsmelodie.)*
Angst braucht man nicht zu haben,
es ist gar nicht so schlimm,
es ist gar nicht so schlimm.
Seppel lacht auch bald wieder,
ist erst mal die Füllung drin,
Seppel lacht auch bald wieder,
ist erst mal die Füllung drin.
(Sie gehen beide ab.)

2. Akt

(Hintergrund: Haus oder Praxiseinrichtung)
(Beide tauchen wieder auf der Bühne auf.)

KASPER: So, da sind wir ja schon beim Doktor Tutnichtweh.

SEPPEL: Au – weh! Aber es tut bestimmt weh. Ich habe Angst!

KASPER: Komm – halt meine Hand fest. Das gibt dir Kraft und Mut. So – nun gehen wir mal hinein.
(Sie verschwinden und tauchen an der anderen Seite der Bühne wieder auf.)
Da haben wir aber Glück. Das Wartezimmer ist ganz leer.

SEPPEL: Vielleicht ist der Doktor gar nicht da? Sollen wir nicht lieber gehen?

KASPER: Nix da. Kneifen gilt nicht.
Wißt ihr was, Kinder? Wir rufen jetzt mal alle zusammen den Doktor Tutnichtweh.
Doktor Tutnichtweh!
Hm – vielleicht ist er schwerhörig? Noch mal, aber diesmal ganz, ganz laut. Doktor Tutnichtweh!!!

DOKTOR: *(betritt die Bühne)* Guten Tag, Kinder. Wem kann ich helfen?

SEPPEL: *(versteckt sich hinter dem Kasper)*

KASPER: Hier, meinem Freund, dem Seppel. *(Er schiebt ihn vor.)* Er hat schlimme Zahnschmerzen.

DOKTOR: Na, mein Junge: Dann setze dich mal auf den Stuhl hier.

SEPPEL: Nein! Ich will nicht!! Ich habe Angst!

DOKTOR: Na, na. Ich tu' dir doch nichts. Komm, ich verspreche dir auch, ganz vorsichtig zu sein.

SEPPEL: *(mißtrauisch)* Ganz vorsichtig?

DOKTOR: Genau.

SEPPEL: Wirklich ganz, ganz vorsichtig?

DOKTOR: *(betont)* Ja – ganz vorsichtig!

SEPPEL: Na gut, dann setz ich mich mal. *(Er tut es.)*

DOKTOR: *(beugt sich über ihn)* Jetzt mach mal ganz weit deinen Mund auf, damit ich die Stelle sehen kann, wo's dir weh tut. Hier den kleinen Spiegel benutze ich nur, damit ich besser gucken kann. Du brauchst keine Angst zu haben. Ich tu' dir nicht weh.

SEPPEL: Wirklich nicht?

DOKTOR: Wirklich nicht!

SEPPEL: Gut – bitte schön – mach' ich den Mund auf.

DOKTOR: *(murmelt)* Ah . . . soso . . . hm . . .

KASPER: Was müssen Sie tun, Herr Doktor?

DOKTOR: Tja – da bleibt mir nichts anderes übrig, als das Loch im Zahn auszubohren, damit es ganz sauber ist. Dann kommt eine Füllung in den Zahn – und alles ist wieder in Ordnung.

SEPPEL: *(ängstlich)* Tut das Bohren weh?

DOKTOR: Vielleicht ein bißchen. Du hättest früher zu mir kommen sollen, als das Loch noch ganz klein war. Dann hätte es gar nicht wehgetan.
Nun mußt du halt in den sauren Apfel beißen und es durchhalten. Es geht ja ganz schnell.

KASPER: Ich halte deine Hand. Komm – du schaffst es schon. Sei tapfer!

SEPPEL: Oh – ich hab' solche Angst!

DOKTOR: Ich werde ganz vorsichtig sein, das hab ich dir ja versprochen. Wenn's weh tut, dann schreist du einfach. Dann weiß ich Bescheid.
Aber ich muß es jetzt machen. Sonst wird das Loch immer größer und größer und der Zahn tut dir immer mehr weh.

Also – los geht's. Kasper – reich mir mal bitte den Bohrer rüber. *(Kasper gibt ihm den Bohrer. Man hört leise das Geräusch des Bohrers.)*

DOKTOR: Damit es dir nicht so langweilig ist, Seppel, erzähle ich dir währenddessen eine kurze Geschichte:
Es war einmal ein kleiner Junge, der hatte nie Lust, sich die Zähne zu putzen. Da freuten sich die kleinen Bakterienmännchen Karius und Baktus. An seinen fauligen Zähnen konnten sie sich ordentlich sattessen und das Loch im Zahn immer größer machen.
Das tat dem kleinen Jungen sehr weh und voller Schmerzen lief er in den Wald und rief:
»Ach wenn doch eine gute Fee käme und mir helfen würde! Ich würde mir von nun an auch immer die Zähne putzen!«
Da leuchtete es auf einmal auf dem Waldboden, und vor ihm stand in einem goldglitzernden Kleid und mit wunderschönen, strahlendweißen Zähnen die gute Waldfee. Sie verzauberte Karius und Baktus in Zahnpasta, machte das Loch im Zahn mit ihrem Zauberstab sauber und füllte es, damit sich keine neuen Bakterien einschmuggeln konnten.
Voller Freude bedankte sich der Junge – und hielt sein Versprechen. Von nun an putzte er sich jeden Tag zweimal die Zähne!
So, Seppel, du kannst aufstehen. Du bist fertig.

SEPPEL: Waaas? Ich hab' ja gar nichts davon gemerkt!

DOKTOR: *(lacht)* Tja, der Bohrer, das ist eben mein Zauberstab. Du hast noch mal Glück gehabt! So schlimm war es gar nicht. Aber demnächst kommst du früher zu mir! Dann brauchst du erst gar keine Angst zu haben. Abgemacht?

SEPPEL: Ja! Ja, wenn das so leicht ist . . . und wenn ich dabei auch noch so wunderschöne Geschichten erzählt bekomme . . . dann komme ich gerne wieder.

KASPER: Tut's denn nun gar nicht mehr weh?

SEPPEL: *(fühlt nach)* Nein – nein. Ich habe keine Schmerzen mehr! *(Er wirbelt mit Kasper im Kreis herum.)*
Heidideldumm, heidideldeck, der Schmerz ist weg ... Vielen Dank, Herr Doktor Tutnichtweh.

DOKTOR: Auf Wiedersehen, Seppel.

SEPPEL: Auf Wiedersehen.

KASPER: Ja, tschüß dann. Komm, Seppel. Die Sonne scheint. Dann können wir jetzt ja doch noch auf den Spielplatz gehen.

DOKTOR: Aber eine Stunde lang darfst du nichts essen, Seppel. So lange braucht die Füllung, bis sie richtig hart ist.

SEPPEL: Ist gut. *(Er singt.)* Hart und fein – so muß es sein.
Hin und her – keine Angst mehr . . .
Komm, Kasper. Wir spielen Nachlaufen bis zum Spielplatz. *(Er berührt ihn.)* Du bist . . .
(Er geht ab.)

KASPER: Tschüß, Kinder. *(Er winkt.)* Na, warte, Seppel. Gleich hab' ich dich . . . *(Er geht auch ab.)*

DOKTOR: Na, Kinder: Hat euch unser Spiel gefallen?
Wart ihr denn schon mal beim Zahnarzt?
Habt ihr auch Angst? Dann denkt daran: Morgens und abends Zähneputzen nicht vergessen! Merkt ihr euch das? Prima!
Vielleicht sehen wir uns ja hier bei mir mal wieder. Dann denke ich mir für euch eine schöne Geschichte aus, gut?
So, tschüß dann, bis zum nächsten Mal!
(Er geht auch ab. Vorhang.)

Kasper und Seppel auf dem Mond

Puppenspiel in 4 Akten

Es spielen mit:	*Requisiten:*	*Hintergrundbilder:*
KASPER SEPPEL MOND-UNGEHEUER	2. und 3. Akt – Knallteufel oder zwei Topfdeckel oder Zimbeln, Seifenblasen	1. Akt: Stadt 2. Akt: Abendhimmel mit Mond 3. Akt: Mondlandschaft 4. Akt: Stadt

Spielhinweise

Es ist günstig, dieses Stück mit zwei Puppenspielern aufzuführen. Dabei übernimmt ein Spieler den Kasper, ein anderer den Seppel und einer von beiden das Mondungeheuer.
Der Spieler, der nur eine Puppe spielt, macht im 2. und 3. Akt die Geräusche und bläst Seifenblasen auf die Bühne. Steht noch eine dritte Person zur Verfügung, könnte auch diese die Seifenblasen und Geräusche übernehmen. Außerdem könnte sie die Beleuchtung von Tag auf Nacht verändern, falls diese Möglichkeit gegeben ist. Das sähe dann folgendermaßen aus:
1. Akt: Tag – hell erleuchtete Bühne
2. Akt: Abend – wenig Licht – Mond angestrahlt
3. Akt: Mond – farbiges Licht – blau oder gelb
4. Akt: Nacht – möglichst wenig Licht
Zum Spiel selbst ist zu sagen, daß Kasper und Seppel sich im 1. Akt überwiegend streiten. Das muß am Tonfall der Puppen deutlich werden.
Wenn es um die Wünsche geht, reden beide Figuren durcheinander und können sich nicht einigen.
Der Transport der Puppen auf den Mond und wieder zurück kann auf der Bühne so dargestellt werden, daß zuerst laute Geräusche ertönen. Man kann dazu Orffsche Instrumente benutzen, aber auch zwei Topfdeckel gegeneinanderschlagen oder Knallteufel zerplatzen lassen. Daraufhin bläst man Seifenblasen auf die Bühne und die Puppen werden in die Luft geschleudert. Der Vorhang fällt.

Zum Mondungeheuer, das im 3. Akt auftritt, kann man eine Tierpuppe umfunktionieren. Das Krokodil könnte ein anderes Kleid erhalten. Dazu bastelt man aus Staniolpapier Zacken, die auf seinem Rücken befestigt werden, und verziert den Kopf mit vielen Streifen aus Luftschlangen oder Aluminiumfolie. Dies raschelt wirkungsvoll, wenn die Figur den Kopf bewegt. Das Ungeheuer sollte sich langsam und schwerfällig bewegen, oft mit dem Kopf wackeln und mit monotoner Stimme tief und langsam sprechen.

1. Akt

(Hintergrund: Stadt)

KASPER: Guten Tag, Kinder! Habt ihr schon auf mich gewartet? Ich bin gerade erst aufgewacht. Uah, ich bin noch ganz verschlafen. *(Er reibt sich die Augen.)* Irgendwie habe ich was Komisches geträumt.

SEPPEL: *(kommt von der anderen Seite)* Guten Morgen, Kasper! Guten Morgen, Kinder! Du, ich habe vielleicht einen seltsamen Traum gehabt!

KASPER: Was? Du auch? Ich wollte den Kindern gerade meinen Traum erzählen.

SEPPEL: Wieso deinen Traum? – Meinen Traum!

KASPER: Nein, ich habe doch auch was geträumt. Also, mir war, als ob eine Fee zu mir herabsteigen würde. Die sagte ...

SEPPEL: Das ist gemein! Ich kann meinen Traum selber erzählen. Die Fee hatte ein langes weißes Kleid an, mit goldenen Sternchen, und ...

KASPER: Woher weißt du das? Das war doch mein Traum!

SEPPEL: Nein, meiner!

KASPER: Kinder, sagt ihr doch mal was! Wer soll zuerst erzählen?

SEPPEL: Ich, ich!

KASPER: *(geht auf die Kinder ein und sagt dann)* Was meint ihr? Abwechselnd! – Also gut. Die Fee sagte zu mir: Kasper, höre mir gut zu . . .

SEPPEL: Nein, sie sagte: Seppel, höre mir gut zu!

KASPER: Pssst! Einen Tag lang sollen alle deine Wünsche in Erfüllung gehen.

SEPPEL UND KASPER GEMEINSAM: – aber nur, wenn sich im gleichen Augenblick ein anderer das gleiche wünscht!

ZUEINANDER: Woher weiß du das?

KASPER: Sag bloß, du hast das gleiche geträumt wie ich?

SEPPEL: Oder du dasselbe wie ich . . .

KASPER: Kinder, ist das nicht seltsam? Vielleicht war es gar kein Traum?

SEPPEL: Du meinst? . . .

KASPER: Kinder, sollen wir mal ausprobieren, ob es stimmt, was die Fee gesagt hat? – Na gut! Paß auf: Seppel, ich zähle bis drei, dann geht's los! Eins – zwei – drei.

KASPER: *(gleichzeitig mit Seppel)* Ich wünsche mir einen großen Cowboyhut!

SEPPEL: Ich wünsche mir einen Riesenberg Schlagsahne! *(Sie warten ab, nichts passiert.)*

KASPER: Das war doch nicht richtig. Seppel, du mußt dir das gleiche wünschen wie ich!

SEPPEL: Nein, du mußt dasselbe sagen wie ich!

KASPER: Am besten lassen wir die Kinder bis drei zählen. Ja, Kinder, macht ihr das? – Gut, also:

KINDER: Eins – zwei – drei.

SEPPEL: *(gleichzeitig mit Kasper)* Ich wünsche mir einen Cowboyhut!

KASPER: Ich wünsche mir einen Berg Schlagsahne! – Nein, das war schon wieder falsch! Seppel, am besten hörst du einmal zu, was ich mir wünsche, und sagst es dann nach.

SEPPEL: Nein, immer ich! Du kannst mir ja auch nachsprechen.

KASPER: Na gut, also fang an.

SEPPEL: Hm, ich wünsche mir einen Garten voller Süßigkeiten!

KASPER: O ja, das ist toll! Ich wünsche mir auch einen Garten voller Süßigkeiten! *(Nichts passiert.)*

SEPPEL: Was haben wir denn jetzt schon wieder falsch gemacht?

KASPER: Vielleicht wissen es die Kinder? – Ach ja, wir müssen den Wunsch ja gleichzeitig aussprechen.

SEPPEL: Oh, mir knurrt schon der Magen. Ich habe noch gar nicht gefrühstückt.

KASPER: Gut, dann wünschen wir uns jetzt gleichzeitig unser Frühstück. Kinder, zählt ihr bis drei?

KINDER: Eins – zwei – drei.

KASPER: *(gleichzeitig mit Seppel)* Ich wünsche mir ein Marmeladenbrötchen!

SEPPEL: Ich wünsche mir einen Teller Müsli!

KASPER: O nein, es hat schon wieder nicht geklappt. Ich glaube, wir gehen besser bei der Großmutter frühstücken! Dabei können wir es ja noch einmal probieren. Bis gleich, Kinder!

SEPPEL: Hoffentlich kriege ich da was Vernünftiges zu essen! *(Beide gehen ab.)*

2. Akt

(Hintergrund: Abendhimmel mit Mond)

KASPER: So, Kinder, da sind wir wieder. Mit der Fee, das war wohl doch nur ein Traum. Wir haben immer wieder probiert, uns etwas zu wünschen, aber es hat nie geklappt.

SEPPEL: Ja, wir haben uns ganz schön reinlegen lassen. Träume sind eben nur Schäume.

KASPER: Sieh mal, Seppel, heute ist Vollmond! *(Er zeigt auf den Mond im Hintergrundbild.)* Wie geheimnisvoll er aussieht.

SEPPEL: Ich möchte zu gerne einmal wissen, wie es dort oben aussieht.

KASPER: Vielleicht können wir mal mit einer Rakete hinfliegen.

SEPPEL: Ob es einen Mann im Mond gibt? Kinder, wart ihr schon einmal dort oben?

KASPER UND SEPPEL GEMEINSAM: *(seufzen)* Ach, wär' ich doch einmal auf dem Mond! *(Es knallt und rumpelt, Seifenblasen fliegen auf die Bühne. Kasper und Seppel fliegen durch die Luft, es wird dunkel, der Vorhang fällt.)*

3. Akt

(Hintergrund: Mond)
(Kasper und Seppel liegen auf dem Boden)

KASPER: *(bewegt sich und richtet sich auf)* Was war das? Was ist passiert?

SEPPEL: *(richtet sich auf und reibt sich die Augen)* Was ist los? In meinem Kopf dreht sich alles!

KASPER: *(springt auf)* Seppel, guck! Wo sind wir?

SEPPEL: *(schaut sich um)* Du liebe Zeit! *(Sie gehen zögernd einige Schritte hin und her und gucken sich dabei um.)*

KASPER: *(flüstert)* Du, Seppel, ich glaube, wir sind auf dem Mond.

SEPPEL: Was? Meinst Du? – Aber dann – dann ... Die Fee!

KASPER: Dann haben wir doch nicht geträumt! Wir haben uns beide gewünscht, auf dem Mond zu sein. Da sind wir!

SEPPEL: *(setzt sich hin und fängt an zu weinen)* Huhuuu, ich will zu meiner Großmutter!

KASPER: Aber Seppel, du wolltest doch selber hierher! *(Er streichelt Seppels Kopf.)* Wir kommen schon irgendwie wieder zurück. Komm, wo wir nun schon mal hier sind, wollen wir uns auch umschauen. Vielleicht finden wir den Mann im Mond.

SEPPEL: Meinst du? *(Man hört etwas laut schnaufen, rascheln und keuchen.)* Was ist das?

KASPER: Hört sich an wie ein Mondungeheuer! Mist, hier kann man sich nirgendwo verstecken. Los, leg dich platt auf die Erde! Vielleicht sieht es uns dann nicht. *(Beide legen sich hin.)*

UNTIER: *(kommt langsam, schnaufend und kopfwackelnd auf die Bühne)* Wonach riecht es hier? So etwas habe ich ja noch nie gerochen? *(Es schnüffelt am Boden entlang und findet Kasper und Seppel.)*

KASPER: Hilfe, Hilfe!

SEPPEL: Ich sterbe! Ich bin schon tot!

KASPER: *(setzt sich auf)*

UNTIER: *(erschreckt, läuft in eine Ecke und drückt sich hinein)*

KASPER: Seppel, guck mal! Ich glaube, das Mondungeheuer hat Angst vor uns.

SEPPEL: Ich lebe ja noch, komisch. *(Er steht auf.)*

KASPER: Komm mit! *(Er geht zögernd auf das Ungeheuer zu.)*

SEPPEL: Nein, nein, nein!

UNTIER: Halt, tu mir nichts! Wer bist du? Bist du am Ende der Mann im Mond?

KASPER: Nein. *(Er lacht.)* Sei unbesorgt, der bin ich nicht. Ich heiße Kasper. Und das da hinten ist der Seppel! *(Er zeigt auf ihn.)*

SEPPEL: Nein, nein, ich bin gar nicht da!

KASPER: Und wer bist du?

UNTIER: Ich weiß nicht. Ich lebe hier, solange ich mich erinnern kann, und habe niemanden mehr. Am Anfang waren wir noch eine ganze Familie, aber dann wurde das Futter immer knapper, und jetzt gibt es gar keine Mondrosen mehr. Alle anderen sind schon gestorben, und bei mir dauert es sicher auch nicht mehr lange.

KASPER: Oh, du armes Mondtier. Lebt denn sonst niemand mehr hier?

UNTIER: *(schüttelt den Kopf)*

KASPER: Wenn ich nur wüßte, wie wir hier wieder wegkommen. Dann könntest du ja mit uns auf der Erde leben. Da gibt es zwar keine Mondrosen, aber du würdest sicher etwas anderes finden, das dir schmeckt.

UNTIER: Was ist denn die Erde?

KASPER: Seppel, hast du das gehört? Es kennt die Erde nicht. Die Erde ist unsere Heimat. Da ist es viel bunter und aufregender als hier. Du würdest sicher staunen.

SEPPEL: So langweilig habe ich mir den Mond auch nicht vorgestellt. Von der Erde aus sieht er viel schöner aus.

KASPER: Gut, daß wir hier nicht leben müssen.

SEPPEL: Huhuhuu, aber vielleicht müssen wir jetzt hier verhungern.

KASPER: Ach was! Wir müßten doch genau so wieder auf die Erde kommen, wie wir auf den Mond gekommen sind.

SEPPEL: Meinst du mit Wünschen?

KASPER: Genau! Aber unser neuer Freund muß auch mit. Weißt du, wie wir ihn nennen? – Mondi!

SEPPEL: Mondungeheuer würde besser passen.

KASPER: Seppel, merkst du denn nicht, daß er ganz harmlos ist? Für sein Aussehen kann er doch auch nichts.

SEPPEL: Hm, hm.

KASPER: Also, Mondi, wir zählen jetzt zusammen bis drei, und dann wünschen wir uns alle zusammen auf die Erde. Verstanden?

UNTIER: Hm.

ALLE: Eins – zwei – drei. Wir wünschen uns auf die Erde zurück! *(Es gibt wieder einen Knall, Getöse und Seifenblasen. Alle werden durch die Luft geschleudert, es wird dunkel, der Vorhang geht zu.)*

4. Akt

(Hintergrund: Abendhimmel)
(Die Figuren liegen auf der Erde. Sie strecken sich und stehen auf.)

UNTIER: Oh, was ist das alles?

SEPPEL: Juchhu, wir sind wieder zu Hause!

KASPER: Es hat geklappt! Warte, Mondi, ich zeige dir alles. Aber zuerst müssen wir einen Schlafplatz für dich suchen. Guck, es ist schon Nacht auf der Erde, und dann schlafen die Menschen.

UNTIER: Nacht? Schlafen? Was ist das?

SEPPEL: Du, Kasper, wenn das Wünschen jetzt klappt, dann können wir uns doch noch mehr wünschen. *(Man hört zwölf Schläge mit Topfdeckeln oder Zimbeln.)*

KASPER: Hör mal die Uhr!

SEPPEL: *(zählt mit)* neun, zehn, elf, zwölf! Ui, schon Mitternacht.

KASPER: Genau. Erinnerst du dich nicht an unseren Traum? Einen Tag lang hat die Fee gesagt – und der ist jetzt um!

SEPPEL: Oh, schade, ich hätte noch so viele Wünsche.

KASPER: Komm, Seppel, beschwere dich nicht. Wir hatten doch ein tolles Abenteuer. Nicht wahr, Kinder? Und einen neuen Freund haben wir auch gefunden. *(Er streichelt das Untier.)*

SEPPEL: Na ja, eigentlich hast du recht. Was meinst du, was die anderen Kinder Augen machen, wenn sie morgen Mondi sehen!

KASPER: Hoffentlich erschrickt die Großmutter nicht. Komm, Mondi, du kannst bei uns im Garten bleiben. Vielleicht schmeckt dir unser Gras?

SEPPEL: Uah, bin ich müde. Mir fallen schon die Augen zu.
KASPER: Ich freue mich auch schon auf mein Bett. Tschüß, Kinder, bis zum nächsten Mal.
SEPPEL: Tschüß! *(Beide gehen gähnend mit dem Untier ab.)*

Das verlorene Spielzeug

Puppenspiel in 3 Akten

Es spielen mit:	*Requisiten:*	*Hintergrundbilder:*
Kasper Grossmutter Gretel Seppel Bote	1. Akt: ein kleiner Spielzeughund aus Plüsch, Wäschekorb, mehrere Wäsche- oder Stoffstücke 3. Akt: ein Paket, in dem sich der kleine Hund befindet.	In allen drei Akten wird das gleiche Bild benötigt, Großmutters Wohnung

Spielhinweise

Für dieses Stück benötigt man zwei Puppenspieler, die die Figuren folgendermaßen aufteilen sollten:

1. Spieler: Kasper, Seppel

2. Spieler: Großmutter, Gretel, Bote

Falls jemand das Stück alleine aufführen möchte, muß er die Passage im 1. Akt ändern, in der Großmutter, Kasper und Seppel gemeinsam auftreten. Am besten läßt man dann die Großmutter früher abgehen. Im weiteren Verlauf des Stückes treten dann nur noch je zwei Figuren zusammen auf. Der Bote im 3. Akt kann durch eine beliebige andere Puppe gespielt werden, etwa König ohne Hut oder Polizist ohne Mütze.

Bei der Auswahl der Requisiten ist darauf zu achten, daß Gretels Plüschhund kleiner ist als sie selbst. Es soll sich ja um ein Spielzeug handeln. Auch der Korb für die Wäsche sollte der Puppengröße angepaßt sein und vom Seppel weggetragen werden können. Als Wäsche eignet sich Puppengarderobe, oder einfach ein paar Stoffstücke.

Das Papier und der Klebstoff für das Päckchen im 3. Akt muß schon anfangs bereitgelegt werden. In der Pause zwischen dem 2. und 3. Akt kann der Pup-

penspieler dann den Hund einwickeln und so das Paket herstellen. Es sollte jedoch nicht zu fest zusammengeklebt werden, damit die Gretel es auf der Bühne mit wenigen Handgriffen öffnen kann.
Dieses Stück kann man auch gut ohne Hintergrund spielen. Es genügt ein einfarbiger Vorhang. Wer verschiedene Bilder vorrätig hat, kann in allen Szenen das Bild einer eingerichteten Wohnung verwenden.

1. Akt

(Hintergrund: Wohnung)

KASPER: Großmutter, mir ist so langweilig! Weißt du nicht, was ich tun könnte? – Ach guten Tag, Kinder! Euch habe ich gar nicht bemerkt. Seid ihr schon lange hier? – Aha! Worauf wartet ihr denn? – Was? Auf mich? Oh, das tut mir leid. Mir fällt nämlich heute überhaupt nichts ein. Habt ihr das auch manchmal? Was tut ihr denn dann? Hm . . . ja . . . Nö, das mag ich auch nicht . . .

GROSSMUTTER: Hör mal, Kasper! Willst du dir nicht ein Kind zum Spielen einladen?

KASPER: Hm, meinst du? Vielleicht hat die Gretel Lust zu kommen. Kinder, meint ihr, ein anderes Kind abzuholen wäre gut gegen Langeweile? – Na gut, dann probier' ich's mal. Ich lauf' eben zur Gretel rüber, bis gleich! *(Er geht ab.)*

GROSSMUTTER: *(kopfschüttelnd)* Das verstehe ich nicht. Der Junge hat doch genug zum Spielen. Aber vielleicht fehlt ihm wirklich nur ein Spielkamerad. Na, ich werde schon mal die schmutzigen Sachen für die Wäscherei zusammensuchen. Der Seppel hat mir versprochen, sie gleich wegzubringen, weil meine Waschmaschine kaputt ist. *(Sie räumt einzelne Wäschestücke in den Korb.)* Hoffentlich denkt er auch daran!

KASPER UND GRETEL: Hallo, Großmutter!

GRETEL: *(Sie hat einen Stoffhund dabei.)*

KASPER: Sieh mal, was die Gretel bekommen hat.

GRETEL: *(zeigt den Hund)* Er heißt Stupsi! Ich hab' ihn von meiner Patentante bekommen.

GROSSMUTTER: Ach, ist der niedlich! *(Sie will ihn in die Hand nehmen, aber Gretel versteckt ihn hinter ihrem Rücken.)* Du brauchst keine Angst zu haben, ich will ihn dir nicht wegnehmen. Ich wollte ihn nur mal genauer anschauen. So Kinder, jetzt spielt schön. Ich habe noch in der Küche zu tun. *(Sie geht ab.)*

KASPER: Gibst du mir den Stupsi mal?

GRETEL: *(weicht zurück)* Nein, das ist meiner!

KASPER: Ich will ihn doch nur mal streicheln!

GRETEL: *(weicht noch weiter zurück)* Nein, du machst ihn mir nur kaputt!

KASPER: Ich paß auch ganz bestimmt auf.

GRETEL: Nein, Stupsi gehört mir, und keiner darf damit spielen!

KASPER: Das sag' ich meiner Großmutter, du blöde Ziege! *(Er geht ab.)*

GRETEL: Ich muß Stupsi irgendwo verstecken! Ich will nicht, daß der Kasper damit spielt. Er gehört nur mir! *(Sie schaut sich suchend um und entdeckt den Korb.)*

GRETEL: Ah, ich lege ihn hier unter die Wäsche. Da findet ihn bestimmt keiner, und ich muß ihn nicht abgeben.
(Sie versteckt ihn im Wäschekorb.) So!

GROSSMUTTER: Gretel, der Kasper baut sich auf dem Hof eine Höhle. Willst du nicht helfen?

GRETEL: Ja, ich komme! *(Sie geht ab.)* *(Es klopft.)*

GROSSMUTTER: Herein!

SEPPEL: Guten Tag. Hast du die Wäsche zusammengepackt? Dann nehme ich sie gleich mit.

GROSSMUTTER: Ja, mein Junge. Das ist nett von dir. Schau, da drüben steht der Korb.

SEPPEL: Ist schon recht. *(Er nimmt den Korb mit.)* Ich bring sie dir dann wieder mit, wenn sie sauber ist. Tschüß, bis dann! *(Er geht ab.)*

GROSSMUTTER: Bist ein guter Junge. Ja, ja . . . *(Sie geht auch.)*

2. Akt

(Hintergrund: Wohnung)
(Gretel und Kasper kommen zusammen auf die Bühne)

GRETEL: Schade, daß ich schon nach Hause muß. Ich hätte so gerne noch in deiner Höhle gespielt.

KASPER: Ja, das war super!

GRETEL: *(guckt sich suchend um)* Hier stand doch eben noch ein Wäschekorb. Wo ist der denn geblieben?

KASPER: Ach, den hat der Seppel sicher mit in die Wäscherei genommen. Omas Waschmaschine ist nämlich kaputt. Wieso fragst du denn?

GRETEL: *(ganz entsetzt)* Waaas? In die Wäscherei? *(Sie beginnt zu weinen.)* Uhuhuuu . . .

KASPER: Jetzt versteh' ich überhaupt nichts mehr. Kinder, wißt ihr, warum die Gretel plötzlich weint?

GRETEL: Mein Stupsi, mein armer Stupsi! Jetzt kommt er in die Waschmaschine und in die Schleuder und dann, dann ist er sicher kaputt. Uhuhuuuuu . . .

KASPER: Wieso, war der Stupsi denn im Wäschekorb?

GRETEL: Ja, ich habe ihn da versteckt, damit du ihn nicht bekommst. Uhuhuhuhuu, der arme Hund. Und ich bin an allem schuld!

Kasper: Ja, das kommt davon, daß du mich nicht damit hast spielen lassen. Jetzt hat die Wäscherei zu.

Gretel: Dann geh' ich jetzt nach Hause. Uhuu ... Wie mag es nur dem armen Stupsi gehen? *(Sie geht ab.)*

3. Akt

(Hintergrund: Wohnung)
(Es klopft, Kasper öffnet)

Bote: Guten Tag. Ich komme von der Wäscherei und soll das bei Ihnen abgeben. *(Er reicht ihm ein Paket.)* Mein Chef meint, das wäre wohl aus Versehen zwischen die Wäsche geraten und vielleicht würde es schon vermißt!

Kasper: *(nimmt das Paket)* Ach, das ist aber nett. Sagen Sie Ihrem Chef vielen herzlichen Dank.

Bote: Ja dann – auf Wiedersehen! *(Er geht ab.)*

Kasper: Auf Wiedersehen. Ich kann mir schon denken, was darin ist. Ihr auch Kinder? Da wird sich die Gretel aber freuen. Was meint ihr? Soll ich sie gleich holen? Gut, aber dann dürft ihr noch nichts verraten. Wir wollen sie überraschen, ja? *(Er geht ab.)*
Nach einer Weile ...

Gretel: Ach Kasper, warum sollte ich denn unbedingt mitkommen? Wenn ich hier bin, muß ich immer an meinen armen Stupsi denken!

Kasper: Guck mal! *(Er zeigt ihr das Paket).* Das ist heute für dich abgegeben worden.

Gretel: Was? Für mich? Wieso denn?

Kasper: Ich weiß nicht. Schau doch einfach mal nach!

GRETEL: *(fängt an auszupacken)* Ha, das ist aber komisch. Da steht doch gar nichts drauf. Wieso ... *(Sie findet den Hund.)* Das gibt's doch nicht! Mein Stupsi! *(Sie drückt ihn an sich.)*

KASPER: Ja, der Mann von der Wäscherei hat sich gedacht, daß da was nicht stimmt, und hat ihn zurückgeschickt.

GRETEL: Und ihm ist nichts passiert! Gott sei Dank, da bin ich aber froh.

KASPER: Tja, da hast du noch mal Glück gehabt.

GRETEL: Kasper ...

KASPER: Ja?

GRETEL: *(streckt ihm Stupsi hin)* Hier, möchtest du mal mit ihm spielen?

KASPER: *(erstaunt)* Ja, gerne! *(Er nimmt ihn.)*

GRETEL: Es tut mir leid – du weißt schon! Ich war ja selbst schuld daran, daß Stupsi beinahe etwas Schlimmes passiert wäre. Und ich habe mir vorgenommen, mich nie wieder so dumm zu benehmen.

KASPER: Na, ich bin auch bestimmt vorsichtig. Wir könnten ihn ja mit in unsere Höhle nehmen. Was meinst du?

GRETEL: Ja, eine gute Idee – komm!

BEIDE: Tschüß, Kinder, bis zum nächsten Mal! *(Sie gehen ab.)*

Das verschwundene Geburtstagsgeschenk

Puppenspiel in 5 Akten

Es spielen mit:	*Requisiten:*	*Hintergrundbild:*
KASPER GRETEL WUFF, DER HUND HEXE KROKODIL KÖNIG DIENER	Ein kleines, festlich eingepacktes Päckchen	Schloß

Spielhinweise

Dies ist das geeignete Stück für einen Kindergeburtstag. Es kann gut von nur einem Puppenspieler aufgeführt werden, der etwas Übung hat, da jeweils nur 2 Puppen zusammen auf der Bühne sind. Spielen trotzdem zwei Spieler mit, ist die Aufführung für beide nicht so anstrengend. Außerdem müssen dann die Stimmen nicht so sehr verstellt werden und der Gesang am Schluß klingt voller.

Die Vorbereitungen zu diesem Spiel sind insgesamt sehr gering. Man benötigt nur ein Requisit, ein kleines Geschenk für das Geburtstagskind, nett eingepackt.

Auch auf die Hintergrundbilder kann weitgehend verzichtet werden. Es genügt, vor geschlossenem und offenem Vorhang zu spielen. Wer Hintergründe besitzt, kann im 4. Akt das Schloß verwenden. Ansonsten könnten auch einfarbige Hintergründe benutzt werden.

Weiterhin ist bei dieser Aufführung zu beachten, daß an allen Stellen, an denen der Name »Sebastian« vorkommt, der Name des betreffenden Geburtstagskindes eingesetzt wird. Es erhält am Schluß auch das Geschenk.

Das Geburtstagslied von Kasper und Gretel paßt zur Melodie von »Alle meine Entchen«.

1. Akt

(Hintergrund: geschlossener Vorhang)

KASPER: *(stürmt durch den Vorhang auf die Bühne)* Herzlichen Glückwunsch, herzlichen Glückwunsch!! Wo ist hier das Geburtstagskind? Ich möchte zur Geburtstagsfeier vom Sebastian *(entsprechenden Namen hier einsetzen)*. Bin ich hier richtig? Aha, da ist ja der Sebastian! *(Wenn er sich noch nicht gemeldet hat, bittet der Kasper ihn, aufzustehen)*. Sieh mal, was ich dir mitgebracht habe! *(Er schwenkt ein kleines Päckchen.)* Ein Geschenk! Aber Moment, ich kann es dir noch nicht geben, ich muß erst die Gretel holen. Das Paket ist nämlich von uns beiden, und wir wollen dir vorher noch ein Ständchen bringen. *(Er legt das Paket in die Ecke der Bühne.)* So, das lasse ich solange hier liegen. *(Er droht mit dem Finger.)* Aber noch nicht drangehen! Es soll ja eine Überraschung werden. Kinder, paßt ihr auf, daß der Sebastian nicht lauert? Ich bin gleich wieder da! *(Er verschwindet hinter dem Vorhang.)*

WUFF: *(kommt schnüffelnd aus einer Ecke)* Wuff wuff, was habe ich gehört? Wuff, ein Geschenk? Hmmm – ich liebe Geschenke! *(Er stößt auf das Paket.)* Wauuu, da ist es ja! Ein schönes Paket! Was mag da wohl drin sein? Vielleicht ein schöner großer Knochen!! Grrr . . .Was habt ihr denn, Kinder? *(beiseite)* Die wollen mir bestimmt das Paket wegnehmen. Ich verstecke es lieber und verschwinde. *(Er versteckt es auf der anderen Seite der Bühne hinter dem Vorhang, so daß nur noch eine Ecke hervorschaut.)* Nachher, wenn es dunkel ist, hole ich es mir und werde es in aller Ruhe auspacken, wuff. *(Er geht ab.)*

KASPER UND GRETEL: *(kommen auf die Bühne und fassen sich an)*

GRETEL: Guten Tag, Kinder, ist die Feier schon zu Ende?

KASPER: Bald, Gretel. Der Sebastian wartet auf unser Ständchen. Sollen wir anfangen?

GRETEL: Ja, hört gut zu, wir haben es selbst gedichtet.
(Sie singen.) Alle guten Wünsche bringen wir dir heut . . .
(Kasper macht plötzlich einen Satz und starrt auf den Punkt der Bühne, an dem vorher das Paket gelegen hat.)

KASPER: Das Paket! – Es ist weg! Hier habe ich es hingelegt. *(Er deutet auf die Stelle.)* Sebastian, hast du es doch schon aufgemacht? Kinder, ihr solltet doch aufpassen! Was? Was sagt ihr, wer war hier? Ein Hund? Das kann doch nur mein Wuff gewesen sein. Wie sah er denn aus? Ja, das ist mein kleiner Hund!

GRETEL: Ja ja, und er liebt Überraschungen über alles, nicht wahr?

KASPER: Ja schon, meinst du, er hat das Paket genommen?

GRETEL: Wenn die Kinder es sagen! Laß uns doch einfach mal nachschauen.

KASPER: Du hast recht. Wir werden Wuff suchen, komm! *(Schon im Gehen)* Der kann was erleben, wenn er das Geschenk kaputt gemacht hat! *(Er dreht sich nochmals zu den Kindern um.)* Entschuldigt, Kinder, ihr müßt jetzt noch einen Moment ohne uns weiterfeiern. *(Beide gehen ab.)*

2. Akt

(Hintergrund: Offener Vorhang oder einfarbiges Bild)
(Hexe und Krokodil kommen auf die Bühne)

HEXE: Das war aber ein mieser Tag heute, noch nicht einmal etwas zu essen habe ich stehlen können. Kein Mensch war unvorsichtig, nirgendwo bin ich drangekommen. Mist.

KROKODIL: Ich habe Hunger!

HEXE: *(streichelt ihm über den Rücken)* Mein armes Schnuckiputzi! Wenn ich doch nur einen Zauberspruch wüßte, mit dem man etwas Eßbares herbeizaubern könnte.

KROKODIL: *(wendet schnüffelnd den Kopf)*

HEXE: Was ist, riechst du etwas zu essen?

KROKODIL: Ich weiß noch nicht. *(Bewegt sich auf das Päckchen zu und holt es hervor.)*

HEXE: Ein Paket! Was mag da wohl drin sein? *(Sie will ihm das Paket aus der Hand nehmen.)*

KROKODIL: Nein, das ist meins! Ich habe es gefunden! *(schluckt es hinunter)* . . . Ich hatte doch solchen Hunger!

HEXE: Hat man so etwas schon gesehen? Du weißt doch gar nicht, ob etwas zu essen darin war! Und die Verpackung brauchtest du auch nicht gleich zu verschlingen, tzzz.

KROKODIL: *(zuckt plötzlich zusammen und krümmt sich)* Oh, oh oooooh, auweh, auweh.

HEXE: *(hält seinen Kopf)* Was hast du denn, mein kleiner Liebling?

KROKODIL: *(stöhnt und ächzt)* Ich sterbe! Oh mein Bauch, mein Bauch, ich sterbe!

HEXE: Siehst du, ich habe es ja gleich gesagt. Das Päckchen war sicher ungenießbar. Was machen wir jetzt bloß?

KROKODIL: *(rennt auf der Bühne hin und her und jammert weiter)*

HEXE: Du mußt zum Arzt – und zwar zum königlichen Leibarzt. Das ist der beste Doktor weit und breit. Er kann dir bestimmt helfen.

KROKODIL: Ich habe Angst, ich sterbe, ich sterbe. Ich kann nicht mehr gehen.

HEXE: Du mußt aber! *(Sie schiebt von hinten und zerrt von vorne.)* Komm, mein Schatz, komm! Nicht auszudenken, wenn dir was passiert! *(Unter Stöhnen und Ächzen bewegt sich das Krokodil langsam mit Hilfe der Hexe von der Bühne.)*

3. Akt

(Hintergrund: geschlossener Vorhang)
(Kasper und Wuff kommen auf die Bühne und gucken hinter den Vorhang)

WUFF: Da war es, ganz bestimmt!

KASPER: *(suchend)* Ich sehe aber nichts!

WUFF: Hier habe ich es aber ganz bestimmt hingelegt. Ich dachte doch, die Kinder wollten es mir wegnehmen, wuff, wuff. Deswegen habe ich es versteckt.

KASPER: Das verstehe ich nicht. Kinder, stimmt es, daß Wuff das Päckchen hier versteckt hat? Hm ... Habt ihr denn nicht gesehen, ob es einer weggenommen hat? Was? Das Krokodil? Verschluckt? – Na, da kann man nichts mehr machen.

WUFF: Wuff, wuff, das schöne Paket!

KASPER: Schon gut, Wuff. Geh nur wieder spielen. Du kannst jetzt auch nichts mehr ändern. *(Der Hund geht ab.)* Gretel! Greeeteeel!

GRETEL: Na, hast du es gefunden?

KASPER: Nein, das Krokodil war hier und hat es verschluckt.

GRETEL: Ooooh, das schöne Geschenk! Was machen wir denn jetzt? Wir haben dem Sebastian doch ein Geschenk versprochen.

KASPER: Hm, tja, hm. Wir könnten vielleicht zum König gehen, ihm die ganze Sache erzählen und ihn um Geld für ein neues Geschenk bitten.

GRETEL: Oh ja, der ist so reich, der macht das sicher. Geh du nur schon voraus. Ich sage nur eben meinen Eltern, wo ich bin. Dann komme ich dir entgegen.

KASPER: Gut, bis gleich, tschüß! *(Beide gehen zu verschiedenen Seiten ab.)*

KASPERLE

4. Akt

(Hintergrund: Schloß)

KÖNIG: So so, das ist ja eine schöne Geschichte, die du mir da erzählt hast, Kasper. Kinder, stimmt das auch, daß das Krokodil ein Geschenk verschluckt hat? So so.

KASPER: Und der arme Sebastian wartet immer noch auf seine Überraschung.

KÖNIG: So so, da will ich mal nicht so sein. Warte einen Moment, Kasper. Ich muß nur eben in meine Schatzkammer, dann bekommst du das Geld. *(Er geht ab.)*

DIENER: *(kommt mit Kaspers Paket heran)* Herr König . . . Oh, wo ist er denn?

KASPER: Mein Paket! Wie kommt denn das hierher?

DIENER: Das hat der königliche Leibarzt aus dem Bauch des Krokodils geholt. Die Hexe hat es mit starken Leibschmerzen zu ihm gebracht. Gehört das Paket dir?

KASPER: Ja, her damit! Ich muß damit schnell wieder zum Geburtstag zurück. *(Er reißt ihm das Paket aus der Hand und schwenkt es herum.)* Juchhu, dann ist ja alles wieder in Ordnung! *(Er wendet sich zum Gehen.)* Erkläre bitte dem König alles, ich habe keine Zeit mehr!

DIENER: Ja, aber . . . *(Vorhang)*

5. Akt

(Hintergrund: geschlossener Vorhang)

GRETEL: Hoffentlich hat der Kasper Glück beim König.

KASPER: *(kommt, das Paket schwenkend, von der anderen Seite der Bühne)* Gretel, Gretel! Schau mal, was ich hier habe!

GRETEL: Donnerwetter, unser Päckchen!

KASPER: Ja, stell dir vor, das Krokodil hat davon solche Bauchschmerzen bekommen, daß die Hexe es zum königlichen Leibarzt gebracht hat. Der hat ihm das Paket aus dem Bauch geholt.

GRETEL: Ist es auch nicht kaputt gegangen? *(Sie schaut es von allen Seiten an.)* Nein, ich glaube nicht.

KASPER: Jetzt geben wir es aber gleich dem Geburtstagskind, bevor es noch einmal gestohlen wird.

GRETEL: Ja, und dazu singen wir das Lied, das wir extra gedichtet haben.

KASPER: Genau! Kommst du einmal zu uns, Sebastian? *(Er gibt ihm das Paket.)* So, und jetzt noch unser Ständchen. Eins – zwei – drei – los! *(Sie singen:)*

Alle guten Wünsche
bringen wir dir heut, bringen wir dir heut,
dazu auch noch Geschenke, weil dich das so freut.

Denn du hast heut Geburtstag,
5 Jahre alt wirst du, 5 Jahre alt wirst du,
du sollst recht lange leben und gesund dazu.

Jetzt kommen deine Freunde,
wünschen dir viel Glück, wünschen dir viel Glück
von dem Geburtstagskuchen das allergrößte Stück.

Sebastian hat Geburtstag, trallallallalla, trallallallalla,
Sebastian hat Geburtstag, trallallallalla.
Sebastian hat Geburtstag tuut tuut tuut . . . bu, bum, bum!
Hoch soll er leben, hoch soll er leben,
dreimal hoch!

KASPER: So, das war's. Und jetzt müssen wir nach Hause, es ist spät geworden. Tschüß Kinder, bis zum nächsten Mal!

GRETEL: Ich glaube, die Kinder müssen auch gehen. Die Feier ist sicher zu Ende oder? Ich mopse mir jetzt noch ein Stück Geburtstagskuchen, kommst du auch mit, Kasper? Auf Wiedersehen? *(Sie zieht den Kasper von der Bühne.)*

Sommerfest in Kaspershausen

Puppenspiel in 5 Akten

Es spielen mit:	*Requisiten:*	*Hintergrundbilder:*
KASPER POLIZIST GRETEL RÄUBER	4. Akt: 1 Karton 5. Akt: 1 Karton einige unaufgeblasene Luftballons einige – nicht zu groß aufgeblasene – Luftballons, die an eine Schnur gebunden sind	1. Akt: geschlossener Vorhang 2. Akt: geschlossener Vorhang oder Dorf 3. Akt: Dorf 4. Akt: Wald 5. Akt: Dorf

Spielhinweise

Dieses Stück eignet sich für einen Puppenspieler. Im 1. bis 4. Akt treten jeweils nur zwei Puppen im Dialog miteinander auf, so daß jede Hand eine Puppe übernehmen kann. Im 5. Akt spielen normalerweise Kasper, Gretel und Räuber gemeinsam. Steht jedoch nur ein Puppenspieler zur Verfügung, wird dieser Akt folgendermaßen geändert: Bevor der Räuber auftritt, zieht Kasper die Gretel flüsternd von der Bühne. Dann erscheint der Räuber, und erst wenn er die Luftballons befestigt hat, nähert sich der Kasper wieder – diesmal ohne Gretel.

Für diese Aufführung sind besonders wenige Vorbereitungen nötig. Der Spieler muß darauf achten, daß sich rechts und links vom oberen Bühnenrand je ein Nagel befindet, an dem zum Schluß die Luftballons befestigt werden. Meistens befinden sich dort sowieso die Haken zum Aufhängen der Hintergrundbilder.

Außerdem benötigt man etwa 10 Luftballons. Zusätzlich noch jene, die zum Schluß an die Kinder verteilt werden. Davon bleiben 2 bis 3 unaufgeblasen. Diese werden im letzten Akt vom Räuber nacheinander aus dem Karton geholt. Der Räuber bückt sich unter den Bühnenrand, tut so, als würde er die Luftballons aufblasen und bringt einen aufgeblasenen Ballon mit nach oben.

Dann tut er so, als würde er ihn an einer Kordel befestigen und läßt ihn über den Bühnenrand hängen. Die nicht zu dick aufgeblasenen Ballons müssen natürlich schon vor dem Spiel aneinander gebunden sein.
Im 2. Akt ist noch darauf zu achten, daß der Polizist sehr nervös gespielt wird. Er läuft während des Sprechens hin und her, gestikuliert wild mit den Armen und bekommt vor lauter Aufregung die Worte kaum heraus. Zum Schluß der Szene ist er dann ganz außer Atem.
Der Räuber wird am Anfang der Szene sehr brummig und drohend dargestellt. Später wird er dann verlegen und zunehmend unruhiger, was sich durch Gesten, häufiges Umgucken und Stammeln zeigt. Im 5. Akt arbeitet er immer hastiger, kommt dabei ganz außer Atem, keucht und stöhnt und wird schließlich, am Schluß dieser Szene, unheimlich zornig und laut.
Zum Abschluß der Aufführung steht es dem Spieler frei, Luftballons an die Kinder zu verteilen. Soll dies nicht geschehen, bleiben die letzten Sätze weg, und der Kasper verabschiedet sich nur.

1. Akt

(Hintergrund: geschlossener Vorhang)

KASPER: Hallo Kinder, guten Tag! Habt ihr schon gehört? Heute ist Sommerfest bei uns in Kaspershausen. Dazu sind alle Leute aus dem Dorf eingeladen. Es gibt Wettspiele, Kuchen, Würstchen, aber was erzähl' ich denn? Ich habe doch gar keine Zeit, denn ich muß mit der Gretel und dem Seppel noch den ganzen Dorfplatz schmücken. Herr Neunmalschlau, der Bürgermeister, hat extra 1000 bunte Luftballons bestellt. Eine große Kiste voll. Die müssen alle noch aufgeblasen und aufgehängt werden. Bis zwei Uhr soll alles fertig sein. Tschüß Kinder, bis gleich! *(Während er abgeht:)* Ich muß noch nachsehen, ob Großmutters Erdbeerkuchen fertig ist.

2. Akt

(Hintergrund: Dorf oder geschlossener Vorhang)

POLIZIST: *(ganz aufgeregt)* Oje, oje, so was aber auch! So eine Unverschämtheit! Unser schönes Fest, um zwei Uhr sollte es losgehen. Jetzt fällt sicher alles ins Wasser!

GRETEL: *(kommt von der anderen Seite)* Aber, aber, was hat Ihnen denn die Petersilie verhagelt? So eine Laune zum Sommerfest?

POLIZIST: Sommerfest? Aber das ist es ja gerade!

GRETEL: Was? Wie? Das verstehe ich nicht. Ihr, Kinder? Was ist denn los?

POLIZIST: Die Kiste ist weg!

GRETEL: Welche Kiste? Nun reden sie schon, ich bin mit Kasper und Seppel am Dorfplatz verabredet. Wir müssen schmücken!

POLIZIST: *(schlägt die Hände vors Gesicht)* Oje, das ist es ja!

GRETEL: *(ungeduldig)* Was denn schon wieder? Ich verstehe kein Wort.

POLIZIST: Die Kiste mit den Luftballons ist weg! Sie ist gestohlen worden. *(Er setzt sich erschöpft und keuchend hin.)*

GRETEL: Was? Das ist ja entsetzlich! Wer tut denn so was? Das muß ich sofort dem Kasper erzählen. Sagen sie inzwischen dem Bürgermeister Bescheid. *(Sie laufen in entgegengesetzte Richtungen weg. Schon hinter der Bühne, hört man Gretel noch.)* Was machen wir denn jetzt bloß?

3. Akt

(Hintergrund: Dorf)

KASPER: Was erzählst du da? Ein Sommerfest ohne Luftballons? Nicht möglich!

GRETEL: Wer kann die Kiste nur haben? Kinder, habt ihr vielleicht eine Idee?

KASPER: Tja, alle Dorfbewohner sind eingeladen. Davon war es bestimmt keiner. Halt, ich hab's! Der Räuber Pfefferkopf! Der ist sicher beleidigt, weil ihn keiner eingeladen hat, und jetzt will er sich an uns rächen. Natürlich! Ich werde gleich mal zu ihm gehen und gucken, ob ich recht habe. Vielleicht kann ich noch etwas retten.

GRETEL: Meinst du, das nützt was? Wenn er sie wirklich hat, gibt er sie niemals freiwillig wieder heraus!

KASPER: Abwarten! Ich hab' da so eine Idee. Bis gleich! *(Er geht winkend ab.)*

GRETEL: *(geht langsam ab, währenddessen kopfschüttelnd)* Ich bin ja mal gespannt. Um zwei kommen schon die ersten Gäste.

4. Akt

(Hintergrund: Wald)

KASPER: So, hier ist das Revier des Räubers. Eigentlich müßte er gleich auftauchen. Mal sehen, ob ich ihn hereinlegen kann.

RÄUBER: *(kommt von der anderen Seite, sieht den Kasper und versteckt einen Karton hinter seinem Rücken)* Was willst du hier?

KASPER: Hallo Pfefferkopf! Ich wollte dich zu unserem Sommerfest heute Nachmittag einladen.

RÄUBER: Was hab' ich damit zu schaffen? Sonst wollt ihr mich ja auch nicht dabei haben.

KASPER: Ich dachte nur, du wolltest vielleicht den wertvollen Preis gewinnen.

RÄUBER: *(ganz nervös)* Preis? Welchen Preis?

KASPER: Ja hast du denn nichts davon gehört? Wer um zwei Uhr die meisten Luftballons zum Dorfplatz bringt, aufbläst und aufhängt, der bekommt den Preis! Aber wenn du keine Lust hast ...

RÄUBER: *(leise)* Luftballons, Preis? Aber da könnte ich ja – hahaha *(dreht sich zu seinem Karton um)*, tschüß Kasper! Ich habe eine Idee, äh, ich meine, ich habe jetzt gar keine Zeit mehr, weil ich noch was Wichtiges vorhab'! *(Er geht mit dem Karton ab.)*

KASPER: Hahaha! Kinder, habt ihr auch gesehen, was der Pfefferkopf da versteckt hat? Wetten, daß in dem Karton die Ballons waren? Aber den haben wir schön drangekriegt. Der kommt bestimmt gleich, Punkt zwei Uhr zum Dorfplatz, haha. Und die Arbeit mit dem Schmücken haben wir auch nicht mehr, haha! Auf das Gesicht bin ich mal gespannt! *(Er geht ab.)*

5. Akt

(Hintergrund: Dorf)

GRETEL: Hallo Kasper, da bist du ja wieder! Ohne Luftballons?

KASPER: Die werden um zwei Uhr eintrudeln.

GRETEL: Aber das ist zu spät! Wir müssen sie doch noch alle aufblasen und aufhängen. Und wer soll sie überhaupt bringen?

KASPER: Laß dich nur überraschen.

GRETEL: *(schüttelt den Kopf)* Das verstehe ich nicht.

KASPER: *(zeigt auf den Räuber, der mit dem Karton die Bühne betritt)* Da schau, da kommen die Luftballons – und sogar noch zu früh!

RÄUBER: *(hastet zur Mitte, stellt den Karton ab, tut so, als würde er die Luftballons aufblasen, indem er sich jedesmal unter den Bühnenrand bückt und pustet. Er keucht und stöhnt immer mehr. Zum Schluß befestigt er die schon vorher an eine Schnur gebundenen Ballons an 2 Nägeln oberhalb der Bühne.)* So, fertig!

KASPER: *(hat, während der Räuber arbeitete, mit der Gretel geflüstert und geht nun auf ihn zu)* So, nun wissen wir, daß du die Luftballons gestohlen hast! Weil du uns aber so schön beim Schmücken geholfen hast, wirst du nicht bestraft und darfst sogar mitfeiern, wenn du willst.

RÄUBER: Was soll das heißen? Ich bekomme keinen Preis? Du hast mich also reingelegt! Belogen und betrogen, du Schuft, du gemeiner! *(während er abgeht)* Oh bin ich dumm! So ein Schurke! Ich hätte es mir denken können . . .

KASPER: Jetzt ist ja alles wieder in Ordnung und das Fest kann losgehen. Wollt ihr mitfeiern, Kinder? Dann darf sich jeder bei uns einen Luftballon abholen. Der Pfefferkopf hat genug aufgeblasen. Dann mal los!

Ein abenteuerlicher Urlaub

Puppenspiel in 6 Akten

Es spielen mit:	*Requisiten:*	*Hintergrundbilder:*
KASPER SEPPEL GROSSMUTTER KROKODIL MEERKÖNIG POLIZIST	2. Akt: zwei Gefäße und Wasser, Luftmatratze 4. Akt: Flasche mit abnehmbarem Verschluß, Schreibpapier und Stift 5. Akt: Wassergefäße	1. Akt: geschlossener Vorhang 2. Akt: sommerlicher Strand, Meer 3. Akt: Schloß von innen oder Wasser 4. Akt: geschlossener Vorhang 5. Akt: Strand 6. Akt: geschlossener Vorhang

Spielhinweise

Dieses Stück kann mit zwei Puppenspielern aufgeführt werden. Es ist günstig, die Figuren folgendermaßen aufzuteilen:
1. Spieler: Kasper, Krokodil Polizist
2. Spieler: Großmutter, Seppel, Meerkönig
Zu dieser Aufführung werden nur wenige Requisiten benötigt. Mit zwei Gefäßen, in denen man Wasser hin und her schüttet oder mit den Fingern planscht, werden die Wassergeräusche erzeugt.
Die Luftmatratze kann aus einer Plastiktüte hergestellt werden, die man mit Watte oder Papier füllt und mit Stoff überzieht. Für die Rolle des Meerkönigs kann die Königspuppe verwendet werden. Man braucht sie nur mit einigen Pflanzen und Schnüren etwas umzudekorieren.
Im 4. und 5. Akt wird für die Flaschenpost eine kleine leere Flasche mit Korken oder Drehverschluß und Schreibzeug benötigt. Das Blatt kann nach dem Beschreiben zusammengerollt und in die Flasche geschoben werden. Dies kann unterhalb des Bühnenrandes geschehen. Sonst ist bei dieser Aufführung nichts Besonderes zu beachten.

1. Akt

(Hintergrund: geschlossener Vorhang)

KASPER: Guten Tag, Kinder! Ist das nicht ein herrlicher Urlaubstag heute? Habt ihr auch Ferien? Ich bin dieses Jahr mit der Großmutter und dem Seppel ans Meer gefahren. Es ist gleich hier um die Ecke! *(Er zeigt zur Bühnenseite.)*

GROSSMUTTER: Ach, hier steckst du, Kasper! Der Seppel sucht dich schon überall. Er möchte mit dir schwimmen gehen.

KASPER: Ja, ich komme sofort. Ich hole nur noch meine Badehose! *(Er geht ab, kommt aber noch einmal zurück.)* Dürfen wir die Luftmatratze mitnehmen, Oma? Man kann so schön damit im Wasser spielen.

GROSSMUTTER: Na meinetwegen! Aber nicht soweit damit ins Wasser gehen. Bleibt schön am Rand, sonst werdet ihr ins Meer hinausgetrieben.

KASPER: Ist gut. Wir passen schon auf. Tschüß, bis gleich! *(Küßt die Großmutter, geht winkend ab.)*

2. Akt

(Hintergrund: Strand, Himmel, Sonne, Meer)

SEPPEL: *(liegt auf der Luftmatratze, man hört Wassergeräusche)* Du Kasper, komm doch auch auf die Matratze. Man kann sich herrlich ausruhen, wenn man die Augen zumacht und sich von den Wellen schaukeln läßt.

KASPER: *(legt sich auch auf die Matratze)* Hm, wir müssen nur aufpassen, daß wir nicht zu weit hinausgetrieben werden. *(Die Matratze wird vom Spieler hoch und runter bewegt.)* Huaah . . . *(Er gähnt.)* Ist das schön! *(Beide beginnen zu schnarchen.)*

KROKODIL: *(kommt nach einer Weile, schnappt die Matratze und zieht sie ein paarmal von rechts nach links über die Bühne)*

KASPER: *(reibt sich die Augen)* Was ist das? Ich glaube, ich bin eingeschlafen. *(Er rüttelt den Seppel.)* He Seppel, aufwachen! O je, etwas hat unsere Luftmatratze geschnappt.

SEPPEL: Hilfe, Hilfeee!!

KASPER: *(versucht, auf das Krokodil zu hauen)* Laß los, loslassen! Seppel, hilf mir doch. Wir werden immer weiter vom Strand weggezogen.

KROKODIL: *(bäumt sich noch mal auf und taucht dann samt Matratze, Kasper und Seppel nach unten weg)*

3. Akt

(Hintergrund: Schloß, Wasser)

MEERKÖNIG: *(streichelt das Krokodil)* Bravo, mein Lieber, hast du uns wieder neue Arbeiter mitgebracht?

KROKODIL: *(nickt)*

KASPER: Wo sind wir denn hier überhaupt? *(Er guckt sich um.)*

MEERKÖNIG: Ihr seid hier in meinem Schloß. Hier ist mein Reich, das Reich des Meerkönigs.

SEPPEL: *(weint)* Ich will nach Hause, ich will zu meiner Oma!

KASPER: Was sollen wir denn hier?

MEERKÖNIG: Tja, leider bin ich auf außerseeische Arbeitskräfte angewiesen, weil wir hier unten nicht alles alleine schaffen. Wir haben nicht genug starke Fische, die unsere Unterwasserkutsche ziehen können. Die Haie und Waale sind fast alle ausgewandert, ohne die Menschenkinder würde unser ganzer Verkehr zusammenbrechen. – Außerdem könnt ihr Menschen mit euren Händen dreimal so schnell Muscheln sortieren wie meine Untertanen, die Fische, mit ihren Flossen. So Kroko, jetzt zeig ihnen ihre Wohnung!

KROKODIL: *(stupst sie zum Bühnenrand)*

SEPPEL: *(weint lauter)* Uhuhuuu, komme ich jetzt nie mehr zu meiner Oma?

4. Akt

(Hintergrund: geschlossener Vorhang)

KASPER: Wir müssen uns unbedingt etwas einfallen lassen, Seppel! Jetzt sind wir schon drei Tage hier und haben noch keine Möglichkeit gefunden zu fliehen.

SEPPEL: Das Schlimme ist, daß wir noch nicht einmal zur Wasseroberfläche aufsteigen dürfen. Die anderen Kinder sind schon viel länger hier.

KASPER: Weißt du was? Ich hab' mal in einer Geschichte gelesen, daß jemand eine Flaschenpost als Hilferuf weggeschickt hat. Das könnten wir doch auch mal probieren.

SEPPEL: Au ja! Ich habe nebenan noch eine leere Saftflasche. Was schreiben wir denn?

KASPER: Moment, ich hole eben Schreibzeug. *(Beide gehen ab. Kasper kommt mit Blatt und Stift zurück, Seppel mit Flasche.)* So, hm. Hilfe – stop – Kasper und Seppel sind vom Meerkönig entführt worden – stop – müssen mit anderen Kindern zusammen arbeiten – stop – Grüße an Großmutter – Ende!

SEPPEL: Ja, das ist gut. Jetzt rollen wir das Blatt zusammen und stekken es in die Flasche.

KASPER: Jetzt noch den Korken drauf und wir können die Flasche steigen lassen. Komm mit!

SEPPEL: Hoffentlich findet sie jemand.

KASPER: Und zwar schnell. *(Beide gehen ab.)*

5. Akt

(Hintergrund: Strand)
(Die Flasche liegt sichtbar seitlich auf der Bühne.)

GROSSMUTTER: Jetzt sind meine Jungen schon den vierten Tag fort. Ich glaube nicht, daß wir sie noch finden.

POLIZIST: Es tut mir leid. Meine Leute haben alles nach ihnen abgesucht, aber keine Spur.

GROSSMUTTER: Komisch. Wenn sie ertrunken wären, müßte doch wenigstens die Luftmatratze zu finden sein.

POLIZIST: *(hebt die Flasche auf)* Sehen Sie sich das an! Alles lassen die Leute am Strand liegen. *(Will sie wegwerfen.)* Aber da ist ja was drin! *(Er guckt genauer.)* Ich glaube, ein Zettel.

GROSSMUTTER: Vielleicht eine Flaschenpost?

POLIZIST: *(zieht den Zettel raus)* Mal sehen, hier steht: Hilfe – stop – Kasper und Seppel sind vom Meerkönig entführt worden – stop – müssen mit anderen Kindern zusammen arbeiten – stop – Grüße an Großmutter – Ende!

GROSSMUTTER: *(reißt ihm das Blatt aus den Händen)* Meine Jungs! Sie leben!

POLIZIST: Aber im Wasserreich!

GROSSMUTTER: Sie müssen sie sofort da raus holen!

POLIZIST: Das wird gar nicht so einfach sein. Ich glaube, am besten lade ich den Meerkönig zu einer Besprechung ein. Großmutter, ich muß mit meinen Kollegen reden. Ich melde mich bald wieder bei Ihnen. *(Er geht ab.)*

GROSSMUTTER: Bitte, bitte, machen Sie schnell!

6. Akt

(Hintergrund: geschlossener Vorhang)

POLIZIST: Großmutter, Großmutter!

GROSSMUTTER: Wer ruft mich da? Gibt es etwas Neues?

POLIZIST: Es hat geklappt! Ich habe mit dem Meerkönig gesprochen.

GROSSMUTTER: Und?

POLIZIST: Er hat versprochen, alle Kinder freizulassen, wenn wir ihm dafür zwei U-Boote für seinen Unterwasserverkehr stiften und eine automatische Muschelsortiermaschine. Ach ja, und zwei Lastwagen voller Cola-Lutscher.

GROSSMUTTER: Ja dann los! Was stehen Sie hier noch rum? Besorgen Sie die Sachen schon!

POLIZIST: Das machen die Leute gerade.

KASPER UND SEPPEL: *(stürmen auf die Bühne)*
Juchhu, hallo, das sind wir wieder!

GROSSMUTTER: Gott sei Dank! Ich hab' euch wieder. *(Sie umarmt beide.)*

KASPER: Stellt euch vor, der Wasserkönig hat alle Kinder freigelassen. Ist das nicht toll? Das Krokodil hat uns wieder an Land gebracht.

SEPPEL: Ja, wenn wir nicht gekommen wären, säßen die anderen Kinder heute noch in der Unterwasserstadt.

KASPER: Aber ohne die Flaschenpost wären wir jetzt auch noch nicht hier. Ihr hättet uns sicher nie gefunden!

GROSSMUTTER: Kommt erst mal mit nach Hause. Dort könnt ihr uns in aller Ruhe die ganze Geschichte erzählen.

POLIZIST: Aber von Anfang an!

SEPPEL: Au ja, bei einer Tasse Kakao und einem riesigen Stück Torte!

KASPER: Einverstanden! Dann tschüß Kinder, bis zum nächsten Mal.

ALLE: Auf Wiedersehen!

Gefährliche Pullover

Puppenspiel in 5 Akten

Es spielen mit:	*Requisiten:*	*Hintergrundbilder:*
KASPER GRETEL SEPPEL GROSSMUTTER HEXE PRINZESSIN GEIST ESEL VERSCHIEDENE TIERE	1. Akt: gestrickter Pullover, 2 Tücher zum Zudecken 2. Akt: Strickzeug 3. Akt: Pullover (siehe 1. Akt), Umhang, Kopftuch 4. Akt: Topfdeckel zum Krachmachen, Stein, Plastiktüte mit Erde 5. Akt: Erde (siehe 4. Akt), Topfdeckel	1. Akt: anfangs geschlossener Vorhang, später Wohnung 2. Akt: Wald 3. Akt: anfangs geschlossener Vorhang, später Wohnung 4. Akt: geschlossener Vorhang 5. Akt: Wald

Spielhinweise

Dieses Stück sollte von zwei Puppenspielern aufgeführt werden, die die Figuren untereinander am besten folgendermaßen aufteilen:
1. Spieler: Kasper, Seppel, Prinzessin, verschiedene Tiere
2. Spieler: Gretel, Großmutter, Hexe, Geist, Esel, verschiedene Tiere
Die Tiere, die in dieser Geschichte vorkommen, sind beliebig. Es können die Puppen verwendet werden, die vorhanden sind. Auch der Esel im letzten Akt kann durch ein anderes Tier ersetzt werden. Dann muß man den betreffenden Text jedoch entsprechend ändern. Die Anzahl der Tiere ist ebenfalls nicht genau festgelegt. Stehen vier Tierpuppen zur Verfügung, so setzt man eine an die Stelle des Esels. Die anderen treten im 5. Akt mit Kasper zusammen auf. Eins dieser drei restlichen Tiere ist schon kurz am Anfang des 4. Aktes mit der Hexe zusammen zu sehen.

Wenn im letzten Akt nur drei Tierpuppen vorhanden sind, so werden auch nur drei wieder in Personen zurückverzaubert. Eine dieser Personen muß die Gretel sein, eine andere die Prinzessin – und vielleicht noch der Seppel. Sollen noch mehr verzauberte Personen auftreten, erscheinen diese einfach vom Bühnenrand her und verschwinden sofort wieder beim Erscheinen der Hexe.
Der in diesem Stück auftretende Geist kann aus einer Puppe hergestellt werden, die sonst nicht benötigt wird. Man stülpt ihr ein viereckiges, einfarbiges Stück Stoff über den Kopf, das am Hals abgebunden wird. Jetzt wird noch das Gesicht aufgemalt, und der Geist ist fertig.
Vor dem Auftreten der Hexe im 3. Akt wird ein rechteckiges Stück Stoff als Umhang um ihren Hals gelegt, das man vorne einfach zuknotet. Ein dreieckiges Stück Stoff dient als Kopftuch. Das Erscheinen des Geistes im 4. Akt wird durch lautes Getöse begleitet, das man mit zwei Topfdeckeln erzeugt. Wenn man die Topfdeckel aneinanderreibt, erzeugen sie einen leiseren Ton, der die Verwandlung der Tiere im letzten Akt begleitet.
In diesem Stück spielen die Pullover eine wichtige Rolle. Da jedoch nie alle auf einmal zu sehen sind, kommt man mit einem einzigen Pullover aus, der einer Kinderpuppe gehören könnte. Aus diesem Grunde sind auch Seppel und Großmutter im ersten Akt zugedeckt. Sonst müßten sie beide den gleichen Pullover wie die Gretel anhaben.
Das Strickzeug der Hexe im 2. Akt sollte farblich zu den Pullovern passen. Man strickt einfach ein paar Reihen aus dicker Wolle und steckt statt der Nadeln Schaschlikstäbchen durch die Maschen.

1. Akt

(Hintergrund: geschlossener Vorhang)

GRETEL: *(hat einen Pullover an und läuft auf Kasper zu)* Kasper, schau! Wie gefällt dir mein neuer Pullover? Ich habe ihn gerade ganz billig auf dem Markt gekauft. Der Seppel und die Großmutter holen sich auch einen. Oh, ich muß mich setzen. Mir wird ganz schwach. Ich bin sicher zu schnell gelaufen. *(Sie setzt sich.)*

KASPER: Ja, der Pullover ist schön. Der würde mir auch gefallen. Gibt es den auch noch in anderen Farben?

GRETEL: *(spricht ganz langsam)* Ja, ich – glau – be – schoon.

KASPER: Und wie teuer war er?

GRETEL: Ich – weiß – nicht – mehr, es ist – so ... *(Sie fällt um.)*

KASPER: O je, Gretel! *(Er schüttelt sie.)* Was ist los mit dir? Sag doch was! *(Er hält das Ohr an ihr Gesicht.)* Na so was! Sie schläft. Habt ihr das schon mal gesehen, Kinder? Wie kann man denn nur so plötzlich einschlafen? *(Er schüttelt den Kopf.)* Na, ich glaube, ich lege sie besser ins Bett, was meint ihr? *(Er nimmt sie auf die Arme und geht ab)*

Der Vorhang öffnet sich, Hintergrund: Wohnung
(Seppel und Großmutter liegen zugedeckt über dem Bühnenrand und schnarchen. Kasper trägt Gretel auf die Bühne.)

KASPER: Was ist denn hier los? Ist etwa die Schlafkrankheit ausgebrochen? *(Er legt Gretel dazu.)* Ich möchte nur mal wissen, was die drei heute Nacht gemacht haben, daß sie so müde sind. Na, ich glaube, ich komme später noch mal wieder. Vielleicht sind sie dann ausgeschlafen. *(Er geht ab.)*

2. Akt

(Hintergrund: Wald)

HEXE: *(strickt)* 1 rechts, 1 links, 1 Umschlag – 1 rechts, 1 links, hihihi, gleich ist der nächste Pullover fertig. Fünf habe ich schon verkauft, hihi. Das war eine tolle Idee mit dem Pulloverzauber, hehehe! *(Sie strickt weiter.)* 1 rechts, 1 links, 1 rechts, 1 links – gleich kann ich den Zauber für diesen Pullover sprechen. *(Sie legt das Strickzeug ab und tanzt drum herum.)*
Lirum larum Löffelbein,
Pullover sollst verzaubert sein!
Wer dich trägt, der schlafe ein,
lirum, larum, und sei mein!
Hihihi, ich bin mal gespannt, wer diesen Pullover kauft. Sobald er ihn anzieht, wird er in einen tiefen Schlaf fallen und hört nur noch auf meine Befehle hihihi. Ich muß jetzt nachsehen, ob die Gretel, der Seppel und die Großmutter

schon schlafen. Und ins Schloß muß ich auch noch, der König und die Königin haben auch einen Pullover gekauft . . . hihi. *(während sie abgeht)* Bald wird die ganze Stadt verzaubert sein. Dann werde ich alle in niedliche kleine Tierchen verwandeln und an den Hexenmeister Schlangenschwanz verkaufen. Hihihi, der wird sich freuen – und ich ziehe dann ins Schloß. Das wird ein Leben!

3. Akt

(Hintergrund: geschlossener Vorhang)
(Prinzessin und Kasper gehen spazieren)

PRINZESSIN: Ja Kasper, es war ganz seltsam. Meine Eltern waren in der Stadt, und als sie zurückkamen, wurden sie plötzlich so müde und schliefen ein.

KASPER: Komisch, genau so war es bei der Gretel – und hatte sie nicht gesagt, Großmutter und Seppel wollten auch zum Markt? Kinder, Kinder, ich hab' das Gefühl, irgend etwas stimmt hier nicht!

HEXE: *(mit Kopftuch und Umhang verkleidet)* Pullover zu verkaufen! Schöne handgestrickte Pullover, nur 5 DM das Stück!

PRINZESSIN: Oh, das ist aber billig! *(Sie nimmt den Pullover in die Hand.)* Ich glaube, meine Eltern haben sich etwas Ähnliches gekauft. Hier, gute Frau, sind 5 DM. Ich behalte ihn. *(Die Hexe nimmt das Geld, verneigt sich und geht kichernd ab.)*

KASPER: Ich weiß nicht, irgendwie kam mir die Frau bekannt vor. Zeig mal den Pullover! *(Er nimmt ihn.)* Kinder, hatte die Gretel nicht auch so einen? Mein dicker Zeh sagt mir: Hier ist etwas faul, oberfaul! *(Er nimmt die Prinzessin an die Hand.)* Komm, wir wollen eben mal bei der Großmutter reinschauen! *(Beide gehen ab.)*

(Der Vorhang öffnet sich, Hintergrund: Wohnung.)

KASPER: *(kommt mit der Prinzessin auf die Bühne und guckt sich um)* Komisch, alles leer! Vorhin schliefen alle drei noch ganz fest.

PRINZESSIN: Sie sind sicher inzwischen wach geworden. *(Sie zieht den Pullover an.)* Mal sehen, ob er paßt. *(Sie dreht sich herum.)* Was meinst du?

KASPER: Ich hab' so ein ungutes Gefühl.

PRINZESSIN: *(streicht sich über die Stirn)* Oh, ich glaube, ich lege mich ein paar Minuten hin. Mir wird sooo – *(Sie fällt um.)*

KASPER: Das gibt's doch nicht! Ich muß sofort die anderen suchen und rauskriegen, was dahinter steckt. *(Er geht ab.)*

4. Akt

(Hintergrund: geschlossener Vorhang)

HEXE: *(mit einem Tier)* Hihihi, ich habe schon einen richtigen kleinen Zoo zusammen. Hier, das ist die Prinzessin! Kaum wiederzuerkennen, was? – Zum Schluß schnappe ich mir noch den Kasper. Der Hexenmeister wartet schon. *(Sie geht ab.)*

KASPER: Nichts, keine Spur! Alle sind verschwunden. Kinder, wißt ihr vielleicht, was passiert ist? *(Er läßt sich alles von den Kindern erzählen und stellt einige Zwischenfragen.)* Ist das wahr? Was mache ich da bloß? Ich kann doch nicht zaubern. *(Er setzt sich.)* Hm . . . *(mit lautem Getöse taucht plötzlich der Waldgeist auf)* Huch! *(Kasper macht einen Satz.)* Wer bist du denn?

GEIST: Ich bin der Waldgeist und will dir helfen.

KASPER: Mir? Warum?

GEIST: Die Hexe ist eine alte Feindin von mir, ich wünsche ihr alles Schlechte! Sie hat deine Freunde in Tiere verzaubert und es wird Zeit, daß du sie befreist. Sie will nämlich alle an den Hexenmeister Schlangenschwanz verkaufen.

KASPER: Was soll ich denn nur tun?

GEIST: Paß gut auf! Hier gebe ich dir einen Stein. Es ist ein Wunderstein! Behalte ihn immer in der Tasche, und du bist gegen jeden Zauber geschützt.

KASPER: Oh, das ist gut. *(Er steckt den Stein ein.)*

GEIST: *(reicht ihm einen Beutel mit Erde)* Hier ist noch ein Beutel mit Zaubererde! Er reicht für zwei Wünsche. Wenn du einen Wunsch hast, streue die Hälfte davon aus und sage dabei deinen Wunsch. Er wird erfüllt werden. Viel Glück! *(Er verschwindet wieder.)*

KASPER: Danke, lieber Geist! Deine Hilfe kam genau im richtigen Moment. Dann will ich mich mal aufmachen zum Hexenwald. Hoffentlich klappt alles! Drückt mir die Daumen!

5. Akt

(Hintergrund: Wald)
(Kasper ist umringt von verschiedenen Tieren.)

KASPER: So, die Hexenwohnung habe ich gefunden. Die Hexe scheint nicht zu Hause zu sein. Ob das hier meine Freunde sind, Kinder? *(Er zeigt auf die Tiere.)* Ja, meint ihr? Dann werde ich sie jetzt zurückverwandeln. Wie war das noch? Die Hälfte der Erde ausstreuen . . . *(tut es)* So, ich möchte, daß alle Tiere wieder ihre ursprüngliche Gestalt erhalten. *(Unter leisen Geräuschen verschwindet ein Tier nach dem anderen unter dem Bühnenrand und kommt als Person wieder hervor.)*

HEXE: *(erscheint, die Puppen verstecken sich, bis auf den Kasper)* Was ist hier los? Wer vergreift sich an meinem Eigentum? Ha! Der Kasper! Das wirst du noch bereuen. Diese Tiere gehören mir, und du wirst auch gleich dazugehören! *(Sie beschreibt mit dem Arm Kreise und deutet zum Schluß auf Kasper.)* Ene – meme – Katzenmist, der Kasper jetzt ein Esel ist!
(nichts passiert)

KASPER: Gott sei Dank, der Stein wirkt, und der Zauber kann mir nichts anhaben.

HEXE: *(hüpft auf und ab)* Ein Esel, ein Esel! Das verstehe ich nicht. Du sollst ein Esel werden, sofort!!

KASPER: Moment, ich hab' ja noch die Erde für den zweiten Wunsch. *(Er streut sie aus.)* Die Hexe soll sich in einen Esel verwandeln!

HEXE: *(sinkt unter die Bühne und kommt als Esel wieder hoch, anfangs redet sie noch)* Was soll das heißen? Ich bin hier die Hexe und kann zaubern! Seit wann kann ein Kasper – I-aa, i-aa . . .

KASPER: So, die hätten wir unschädlich gemacht. Jetzt muß ich mich aber schleunigst bei dem guten Geist bedanken. Ohne seine Hilfe wäre ich jetzt ein Esel.

GRETEL: *(kommt hervor und fällt ihm um den Hals)* Kasper, Kasper! Wie hast du das nur geschafft?

KASPER: *(fast sie an der Hand)* Komm mit, das erzähl ich dir unterwegs. Wie geht es den anderen?

GRETEL: Sie sind alle wohlauf. Sie sind schon vorausgegangen. Die Königsfamilie will dir zu Ehren heute Abend einen großen Ball geben. Alle sind eingeladen.

KASPER: Oh, das wir sicher toll! Hier, den Esel nehme ich mit in den Tiergarten. Da kann er nichts mehr anstellen. Tschüß Kinder, bis zum nächsten Mal!

Angriff auf Schloß Sonnenschein

Puppenspiel in 4 Akten

Es spielen mit:	*Requisiten:*	*Hintergrundbilder:*
Kasper Seppel Grossmutter Polizist Prinzessin Krokodil	1. Akt: Buch 2. Akt: Koch-geschirr 4. Akt: zwei Schaufeln, zwei Stöcke, Zweige mit Blättern, ein Netz	1. Akt: geschlossener Vorhang 2. Akt: Küche 3. Akt: geschlossener Vorhang 4. Akt: Wald oder Wiese

Spielhinweise

Dieses Stück ist mit zwei Puppenspielern aufzuführen. Sie sollten die Puppen folgendermaßen aufteilen:
1. Spieler: Kasper, Großmutter.
2. Spieler: Seppel, Polizist, Prinzessin, Krokodil.
Da der Polizist als Figur nicht so wichtig ist und nur kurz auftaucht, kann statt dessen auch eine beliebige Puppe als Ausrufer benutzt werden.
Für den 4. Akt ist es wichtig, daß der Bühnenrand breit genug ist, um Zweige mit Blättern darauf abzulegen. So können die Zuschauer besser erkennen, an welcher Stelle sich die Fallgrube befinden soll. Ist der Rand zu schmal, muß man ein falsches Brett daraufnageln.
Wenn der Seppel in die Grube fällt, verschwindet er nach unten und bleibt unsichtbar, bis der Kasper ihn wieder heraufholt. Während des Streites zwischen Kasper und Krokodil sollte der Teil der Bühne ausgespart bleiben, in dem sich die Fallgrube befindet, sonst müßten die Puppen ja dort hineinfallen.
Falls für den 4. Akt kein Netz vorhanden sein sollte, kann man ein Obst- oder Einkaufsnetz aufschneiden.

(Hintergrund: geschlossener Vorhang)

GROSSMUTTER: *(liest aus einem großen Buch vor, während Kasper und Seppel zuhören)* Peterchen wurde König im Lande, und wenn er nicht gestorben ist, so lebt er auch noch heute – glücklich und zufrieden. Der Drache jedoch wurde nie mehr wieder gesehen. *(Sie klappt das Buch zu.)* So ihr Quälgeister, seid ihr nun zufrieden?

KASPER: Puh, das war aber spannend!

SEPPEL: Du, Großmutter ...

GROSSMUTTER: Ja?

SEPPEL: Gibt es eigentlich heute noch Drachen?

KASPER: Ach Quatsch Seppel, das weißt du doch! Die gibt es doch nur in Geschichten.

SEPPEL: Jaaa, ich dachte nur.

GROSSMUTTER: Nein, mein Junge, Drachen gibt es nicht. So, und jetzt ab mit euch, spielen! Ich muß Mittagessen kochen. *(Sie geht ab.)*

KASPER: Hast du schon wieder Angst, Seppel *(Er hebt die Arme und läuft auf ihn zu.)* Huhu, ich bin der Drache Feuermaul! Huhuhuuu!

SEPPEL: *(läuft weg)* Ach, laß das! Du sollst mich nicht immer ärgern. Ich sag es der Großmutter!

KASPER: *(lachend)* Uhuhuuu! *(jagt den Seppel von der Bühne)*

SEPPEL: *(schon hinter der Bühne)* Hör doch auf!

2. Akt

(Hintergrund: Küche)
(Großmutter kocht)

SEPPEL: *(stürmt heran)* Großmutter, Großmutter, ich hab' ja solche Angst! *(Er versteckt sich hinter ihrem Rock, hält sich daran fest und klappert laut mit den Zähnen.)*

GROSSMUTTER: Junge, Junge, was ist denn los? *(Sie streichelt seinen Kopf.)*

SEPPEL: Der Drache Feuermaul! Er kommt! Ich habe ihn gesehen! *(er weint)* Uhuhuuu!

GROSSMUTTER: Ach Seppel, du träumst ja. Hätte ich dir doch nur nicht diese Geschichte vorgelesen.

SEPPEL: Nein, es ist wahr, ich schwöre es. Ich habe ihn gesehen! Er war so groß! *(Er zeigt es.)* Und er hatte solche Zähne! *(Er zeigt es.)* Uhuhuuu, er wird uns bestimmt alle fressen!

GROSSMUTTER: Wo ist eigentlich der Kasper? Er hat dir bestimmt wieder Angst gemacht!

SEPPEL: Ich bin ihm weggelaufen, weil er mich immer geärgert hat. Und dann, am Waldrand kam das Ungeheuer. *(Er klappert wieder mit den Zähnen.)* Vielleicht hat es den Kasper schon gefressen?

GROSSMUTTER: *(zieht ihn mit und spricht beruhigend auf ihn ein)* Komm Junge, iß erst mal was Ordentliches! Mit vollem Magen sieht die Welt gleich ganz anders aus. Komm, du bist ja ganz verstört. *(Sie zieht ihn streichelnd raus.)*

(Hintergrund: geschlossener Vorhang)

POLIZIST: *(kommt auf die Bühne und bleibt in der Mitte stehen)* Alarm, Alarm! Fremdes Krokodil gesichtet! Es bewegt sich auf die Stadt zu. Alle Einwohner werden gebeten, in den Häusern zu bleiben und die Türen und Fenster fest zu schließen! Alarm, Alarm! *(Er geht ab.)*

GROSSMUTTER: Was war das? Kinder, hab ich richtig verstanden? Habt ihr es auch gehört? Um Himmels willen, dann hat der Seppel ja gar nicht geträumt! Ich muß sofort nachgucken, ob alle Fenster zu sind. Wo nur der Kasper bleibt? *(Sie will abgehen und stößt dabei mit dem auftretenden Kasper zusammen.)*

KASPER: Hoppla, Großmutter, wohin so eilig?

GROSSMUTTER: Hach! Gott sei Dank, da bist du ja. Hast du noch nichts gehört? Alarm! Ein Krokodil kommt in die Stadt!

KASPER: Aber Großmutter, hat der Seppel dich verrückt gemacht? Du weißt doch, wie ängstlich er ist!

GROSSMUTTER: Nein, nein, ich hab' jetzt keine Zeit. Laß dir alles von den Kindern erklären. *(Sie geht ab.)*

KASPER: Kinder, wißt ihr, was hier los ist? Ich habe die Großmutter noch nie so durcheinander gesehen. *(Er läßt sich alles von den Kindern erzählen und setzt sich dabei auf die Bühne.)* Das ist ja ein Ding! Ein echtes Krokodil? Da muß man ja was unternehmen. Ich muß sofort mit dem Seppel sprechen. Wir müssen es irgendwie aufhalten. *(Er will gehen und stößt dabei mit der Prinzessin zusammen, die gerade weinend erscheint.)* Hoppla! *(Er fängt sie auf.)* Ist das heute ein Verkehr hier!

PRINZESSIN: Huhuu, Hilfe, Hilfe! Huuu . . .

KASPER: Was ist denn? Ich bin ja da, ist ja gut. *(Er nimmt sie in den Arm.)*

PRINZESSIN: Du mußt uns helfen, das Krokodil!

KASPER: Ja, ich habe es schon gehört! Hast du es gesehen? Ist es schon in der Stadt?

PRINZESSIN: Nein, nein, es hat die Richtung geändert und läuft jetzt zum Schloß Sonnenschein! Ach Kasper, es ist so schrecklich! Unser Schloß ist in Gefahr! Es hat auf dem Weg schon eine ganze Schafherde von meinem Vater gefressen. Huhuhuuu.

KASPER: Was, eine ganze Schafherde? Na Prost Mahlzeit, das nenne ich Appetit.

PRINZESSIN: Du mußt was tun!

SEPPEL: *(taucht zitternd auf und stottert)* W-was ist l-l-los? Ist das Kro-das Kro-ko-koko, ist es scho-schon da? *(Er versteckt sich hinter dem Kasper.)*

KASPER: Nein, noch nicht. Und es wird auch nicht bis hierher kommen, denn wir beide werden es aufhalten. Ich weiß auch schon wie. Komm Seppel! *(Er zieht ihn mit, aber Seppel sträubt sich.)*

SEPPEL: W-w-wer? I-ich? *(Er klappert mit den Zähnen.)*

KASPER: Sicher du! *(Er guckt sich um.)* Oder seht ihr noch einen Seppel hier, Kinder? Na also, los, komm! Nun komm doch schon! *(Er zieht den sich wehrenden und schreienden Seppel mit von der Bühne.)*

PRINZESSIN: Hoffentlich hat der Kasper Glück. Der Seppel ist ihm bestimmt keine große Hilfe. *(Sie ruft ihnen nach.)* Seid vorsichtig! *(Sie geht ab.)*

4. Akt

(Hintergrund: Wald oder Wiese)
(Kasper und Seppel kommen mit geschulterten Schaufeln und Stöcken auf die Bühne, Seppel guckt sich dauernd um)

KASPER: *(bleibt stehen)* So, ich glaube die Stelle ist richtig. Hier müßte das Krokodil eigentlich vorbeikommen. Los Seppel, Beeilung! Wir müssen fertig sein, bevor es kommt!

SEPPEL: *(springt hinter den Kasper)* W-wo ist da-da-das K-Kro-Krokodil?

KASPER: Noch ist es nicht zu sehen, aber wenn wir uns nicht beeilen, ist es zu spät, und das Krokodil greift Schloß Sonnenschein an. Los, graben! *(Er beginnt zu schaufeln.)*

SEPPEL: *(gräbt zögernd)* Gra-graben, ja-ja-jawoll!

KASPER: Diese Fallgrube muß so tief werden, daß das Untier von alleine nicht mehr raus kommt – und so breit, daß es nicht zufällig vorbeigehen kann.

SEPPEL: *(klappert wieder mit den Zähnen, beide arbeiten schweigend eine Weile)*

KASPER: *(wischt sich den Schweiß ab)* So, ich glaube, das genügt. Außerdem drängt die Zeit. – Seppel, lege du schon mal trockene Zweige und Blätter über die Grube. Ich hole schnell das Netz. Damit können wir dann das Krokodil fangen und wegbringen.

SEPPEL: *(klammert sich an Kasper fest)* Nein, laß mich nicht allein!

KASPER: Stell dich doch nicht so an, ich bin ja gleich wieder da. *(Er reißt sich los und geht ab.)*

SEPPEL: Huhuu, was soll ich noch mal tun Kinder? Ach ja, Blätter und Zweige. *(Er holt sie unter der Bühne hervor und legt sie über den Rand.)*

KROKODIL: *(erscheint kurz am Bühnenrand, verschwindet wieder, taucht wieder auf und nähert sich dem Seppel von hinten)*

SEPPEL: *(dreht sich um, kurz bevor das Krokodil ihn erreicht, schreit auf und geht rückwärts)* Sch-sch, w-w-weg! *(fällt in die Fallgrube und schreit; das Krokodil steht oben am Rand, versucht ihn zu erwischen und faucht dabei)*

KASPER: *(kommt mit dem Netz gerannt)* Was ist los, warum schreist du so?

SEPPEL: Hilfe, Hilfe? Das Krokodil will mich fressen!

KASPER: Ach du Schreck, das Krokodil!

KROKODIL: *(dreht sich zum Kasper um und kommt schnappend und fauchend auf ihn zu)*

KASPER: Oho, was hast du mit meinem Freund gemacht, he? Komm nur, komm! *(Er geht rückwärts und hält das Netz vor sich.)*

KROKODIL: *(macht einen Satz und schnappt nach Kasper)*

KASPER: *(wirft das Netz über das Krokodil, das sich darin verheddert und fauchend und beißend versucht, sich wieder zu befreien)* So, das hast du nun davon! – Wo ist denn mein Stock? Eben war er doch noch hier. *(Er bückt sich und holt ihn unter dem Bühnenrand hervor.)* Ah, das ist das richtige für dich! *(Er schlägt auf das Krokodil ein.)* Ich werd' dir's zeigen! Einfach die Schafe von Schloß Sonnenschein zu fressen, wo gibt's denn so was? Für jedes Schaf kriegst du jetzt einen Schlag. So, und so, und so!

KROKODIL: *(knurrt, faucht und kämpft)*

KASPER: Ja, wehr dich nur, es nützt dir nichts. Unser ganzes Dorf hast du in Angst und Schrecken versetzt und sogar die Prinzessin Sonnenschein! Schämst du dich denn gar nicht? Da, da und da! Mach bloß, daß du wegkommst!

KROKODIL: *(schleppt sich weg)*

KASPER: Laß dich hier nie wieder blicken! Ein zweites Mal laß' ich dich bestimmt nicht mehr laufen. *(Er jagt das Krokodil von der Bühne, kommt wieder zur Mitte und setzt sich auf den Bühnenrand.)* Puh, das wäre geschafft. Ich glaube, das Schloß ist jetzt in Sicherheit. Das Untier kommt bestimmt nicht mehr wieder.

SEPPEL: *(leise)* Huhu!

KASPER: Ach, Seppel! *(Er beugt sich hinab.)* Dich hatte ich ja ganz vergessen. Was machst du da unten? Ist dir was passiert?

SEPPEL: *(zaghaft)* N-nein.

KASPER: Komm, ich zieh' dich raus. Halt dich nur am Stock fest. *(Er zieht ihn mit dem Stock auf die Bühne.)* So!

SEPPEL: Ist – ist es weg?

KASPER: Auf Nimmerwiedersehen. Komm, wir müssen der Großmutter Bescheid sagen und der Prinzessin und der Polizei. Der Alarm kann aufgehoben werden. *(Er zieht ihn mit.)*

SEPPEL: *(eifrig)* Ja, die werden vielleicht staunen, daß wir ganz alleine das Krokodil verjagt haben. Und ich habe gar keine Angst gehabt. Nicht wahr, Kasper?

KASPER: Ja, ja Seppel, du bist schon so ein Held! Nicht wahr Kinder? Tschüß, bis zum nächsten Mal!

SEPPEL: Tschühüß!

Kinderbeschäftigung

FALKEN

Das neue Bastelbuch für Kinder
Von U. Barff, I. Burkhardt, J. Maier –
208 S, gebunden
ISBN: 3-8068-**4893**-9
Preis: DM 39,90

Für alle, die gerne zusammen mit Kindern basteln, ist dieses Buch eine unersetzliche Fundgrube. Die Bastelideen sind nach Schwierigkeitsgrad gestaffelt und laden zum Nachmachen ein.

Punkt, Punkt, Komma, Strich
Von H. Witzig – 144 S., kartoniert
ISBN: 3-635-**60490**-9
Preis: DM 12,90

Kinder zeichnen und malen für ihr Leben gerne. Dieses erfolgreiche und beliebte Zeichenbuch gibt dazu die nötige Hilfestellung.

Einmal grad und einmal krumm
Von H. Witzig – 144 S., kartoniert
ISBN: 3-635-**60048**-2
Preis: DM 12,90

Das Buch ist eine wahre Fundgrube für Kinder, die gerne zeichnen. Mit Bleistift oder Feder entstehen lustige Illustrationen, der Fantasie sind keine Grenzen gesetzt.

Lustige Kasperlestücke
Von P. Wilhelm, J. Steffen –
96 S., kartoniert
ISBN: 3-8068-**1632**-8
Preis: DM 14,90

Acht neue Kasperlestücke, in Drehbuchform geschrieben – für Kinder ab 3 Jahren.

Komm, koch und back mit mir
Von S. und H. Theilig – 112 S., gebunden
ISBN: 3-8068-**4285**-x
Preis: DM 19,90

Zu kochen und zu backen macht Kinder großen Spaß – besonders, wenn es sich um das eigene Lieblingsgericht handelt. In diesem liebenswert illustrierten Koch- und Backbuch finden Sie viele ausgewählte Rezepte und eine Küchenkunde für die Kleinen.

Lustige Spiele mit Kleinkindern
Hrsg.: D. Maag – 80 S., kartoniert
ISBN: 3-635-**60477**-1
Preis: DM 6,00

Kleinkinder sprühen vor Energie und Lebensfreude, wollen spielen, toben und die Umwelt erkunden. In diesem Buch finden Sie eine Menge Spielideen, die den jeweiligen Entwicklungsstand der Kleinen berücksichtigen.

Kinderspiele allein und in der Gruppe
Von H. Müller-Stein – 120 S, kartoniert
ISBN: 3-635-**60488**-7
Preis: DM 12,90

Allen Eltern, Großeltern, Onkeln und Tanten, die Kinder fröhlich spielen sehen wollen, hilft dieses Buch. Es bringt altes und Neues für Kinder, die allein spielen, zu zweit oder zu mehreren, im Haus oder im Freien, daheim oder am Urlaubsort.